W9-CCY-726

La dama boba

European Masterpieces
Cervantes & Co. Spanish Classics Nº 47

General Editor: Tom Lathrop

La dama boba
Félix Lope de Vega y Carpio

Edited and with notes by
CHARLES PATTERSON
Stephen F. Austin State University

Cervantes & Co.

The cover shows a scene from the Guadalajara (Mexico) production of
La dama boba, at the Teatro Buero Vallejo.

FIRST EDITION

Copyright © 2010 by European Masterpieces
270 Indian Road
Newark, Delaware 19711
(302) 453-8695
Fax: (302) 453-8601
www.JuandelaCuesta.com

MANUFACTURED IN THE UNITED STATES OF AMERICA

ISBN: 978-1-58977-072-0

Table of Contents

For my own two daughters,
neither of whom is a boba

Acknowledgments

I wish to express my gratitude to Tom Lathrop for his guidance of this project and careful editing. I would also like to thank the chair of my department, Jeana Paul-Ureña, for her encouragement. Many thanks also to my colleague Pedro Escamilla for his linguistic insights. I am grateful to my student, Joh McClane, for his careful proofreading. Finally, I wish to thank my wife, Dayna, for her patience, support, and help.

Introduction to Students

ABOUT THE AUTHOR

FÉLIX LOPE DE VEGA y Carpio (1562-1635), commonly known as Lope de Vega, was a commercially successful playwright and well-respected poet during his lifetime, and his works continue to exemplify the literary achievements of Spain's Golden Age (roughly 1500-1700). He was born, however, in fairly humble circumstances: his father was an embroiderer who died when the young poet was only fifteen years old. Lope was nevertheless a precocious child and, according to his first biographer, learned to read both Spanish and Latin at the age of five. He wrote his first play at the age of twelve and studied at the University of Alcalá during his teenage years.[1]

Lope's adult life is at least as intriguing as his literary output. He participated in military campaigns in Portugal and the Azores and later served in the ill-fated Spanish Armada that was sent to invade England in 1588. Even more adventurous than his military expeditions were his romantic activities. Although he was only married twice, he had at least a dozen children by several different mistresses, some of whom were already married to other men. One of the first of these was Elena Osorio, the wife of an itinerant actor who conveniently spent a lot of time away from home. Their relationship lasted from 1583-87, at which time she began having a relationship with a wealthier man. Lope wrote and circulated some slanderous poems about her and her family, which led

---

[1] See Castro and Rennert 13-25.

civil authorities to banish him from Madrid for eight years. While in exile in Valencia, he married by proxy Isabel de Urbina, who eventually died in childbirth in 1594 after the couple had moved to Salamanca. Lope then returned to Madrid and soon after began cohabiting with a young widow named Antonia Trillo de Armenta, who shortly left him to marry a servant of the king. His next lover was Micaela de Luján, the wife of another frequently absent actor. Lope fathered several children by her during their nine-year relationship. At about the same time that he met Micaela, he married Juana de Guardo in 1598. He apparently despised his wife: as Francis C. Hayes puts it, "Lope regretted the marriage keenly and wished unequivocally, in verse, that she would soon join her Maker" (29). From about 1604-07, the playwright maintained two households in Toledo, one for his wife, one for his lover. At the end of this time, Lope lost interest in Micaela and began an affair with the actress Jerónima de Burgos in 1613. It was for her that he wrote the important role of Nise in *La dama boba*. It was also around this time that his wife, Juana, died and he was ordained a priest. He did not allow this ordination to prevent him from continuing his affair with Jerónima. Instead, it appears to have been her problem with obesity and alcoholism that led him to renounce her.

Lope's last years were sad ones. His last great love, Marta de Nevares, whom he met around 1617, went blind and insane and eventually died in 1632. His son, "Lopito," drowned while pearl-hunting in 1634 and, adding to his grief, his daughter Antonia Clara was abducted by a young nobleman that same year. The heartache precipitated his decline in health and led to his death in 1635. He was buried with great pomp in the Church of San Sebastián in Madrid.[2]

One of Lope's contemporaries, Miguel de Cervantes (author of the famous novel *Don Quixote*), called Lope "el monstruo de la naturaleza" because of his tremendous literary output. He is one of the most prolific writers of all time. He claimed to have written 1500 plays, although scholars today believe it was probably about half that number (Hayes 17). Nevertheless, 700-800 plays is an incredible feat. In comparison,

---

[2] The biographical information presented here is a synthesis of Hayes 22-41.

England's most famous dramatist, William Shakespeare, only wrote thirty-seven plays. Some of Lope's most famous dramatic works include *Fuenteovejuna*, *Peribáñez*, *El perro del hortelano*, *El caballero de Olmedo*, and, of course, *La dama boba*. Even though Lope wrote an average of about one play per month for fifty years, he still found the time to also write novels, such as *La Dorotea* and *La Arcadia*, epic poems, such as *Jerúsalem conquistada* and *La Dragontea*, and numerous sonnets and other lyric poetry. It is little wonder that the phrase "es de Lope" entered the everyday Spanish vocabulary during the Golden Age to describe anything excellent or impressive.

THE SPANISH *COMEDIA*

Spanish theater was still in its formational stage of development around the time that Lope was born. Previous to the Golden Age, drama in Spain had been primarily religious in nature and had been performed in churches or on the street during religious celebrations. Playwrights like Juan del Encina and Bartolomé de Torres Naharro, influenced by Italian court theater, began writing more secular plays in the early sixteenth century. Around mid century, Lope de Rueda began touring the peninsula performing "secular plays for the amusement of the people, in the yards of inns, the patios of houses, the public square, or wherever an audience could be got together" (Shergold 154).

Some playwrights and dramatic theorists of the sixteenth century, including Cervantes, believed in following the classical precepts for theater set forth in Aristotle's *Poetics*. These precepts include three dramatic unities: 1) unity of time, meaning that the entire action of the play should take place in one day; 2) unity of place, meaning that the entire action should take place in one location; and 3) unity of action, meaning that all of the action of the play should be part of the same plot. It was also considered inappropriate to mix tragic and comic elements in the same play, and tragedy was seen as a superior art form.

More permanent playhouses, called *corrales de comedias*, began to emerge later in the century, including the famous Corral de la Cruz (1579) and Corral del Príncipe (1582) in Madrid. The *corrales* were not playhouses in the modern sense, but rather enclosed patios between existing buildings. Often the owners of apartments in the surrounding buildings would rent their balconies to the more wealthy playgoers, who could watch the plays from there without being seen by the lower-class audience members. In the area immediately in front of the free-standing stage there was standing room for the all-male *mosqueteros* (groundlings), who were usually commoners or lesser nobility. The *mosqueteros* were usually very vocal in their approval or disapproval of the play being performed. They also often turned their attention to the female spectators who were segregated into the raised seating area known as the *cazuela* ("stewpot"). The box above the *cazuela* was called the *desván*, and was reserved for the city officials. There was also usually a small box reserved for the clergy.

This mixed yet hierarchical audience contributed to the emergence of a new dramatic form meant to appeal to a variety of spectators: the *comedia*. The word *comedia* does not precisely translate as "comedy," but rather refers to any full-length play from the seventeenth century. Although Lope did not single-handedly invent the *comedia*, he was extremely influential in its development and was its greatest practitioner and proponent. He lays out the basic elements of the *comedia* in his poem *El arte nuevo de hacer comedias en este tiempo*. In it, he argues for the need to set aside the precepts of classical theater in favor of a style that can reach the common people: "que al estilo del vulgo se reciba" (10). In order to do this, it is necessary to mix the traditionally separate elements of tragedy and comedy, which, as Lope argues, is more natural anyway (174-80). He rejects the classical unity of time (187-89), but he does recommend that each of the *comedia*'s acts should take place within the space of one day (211-14). The number of acts is limited to three, each about 1,000 lines in length. After the first act an *entremés*, or comical one-act interlude, was performed, and after the second act there was usually a dance (215-24). Lope suggests that a *comedia*'s final resolution should be left until the last scene to prevent the audience from leaving early (231-39), and that there should always be someone on stage talking to keep the audience from getting bored (240-43). He advises realistic acting and dialogue, suspense, and dramatic irony as ways to keep the audience engaged (269-304).

Although Lope is obviously concerned with entertaining the uneducated "vulgo," he is first and foremost a poet. *Comedias* were written primarily in verse. Unlike Shakespeare's works, which were usually written in an unrhymed blank verse, the *comedia* is characterized by polymetry, the use of a variety of poetic forms in the same play. The choice of poetic form was not random, however. As Lope says, "Acomode los versos con prudencia / a los sujetos de que va tratando" (305-06). He recommends *décimas* for complaints, sonnets for those who are waiting, the *romance* for recounting events that occurred offstage, *tercetos* for serious matters, and *redondillas* for love scenes (307-12).[3]

Lope recommends two themes that appealed to all segments of the audience during the seventeenth century: honor and virtue.

> Los casos de la honra son mejores,
> porque mueven con fuerza a toda gente;
> con ellos las acciones virtüosas,
> que la virtud es dondequiera amada... (327-30)

Spanish society in the seventeenth century was structured according to a strict honor code in which a man's honor was tied to the reputation of the women that he was responsible for (wife, daughters, sisters, etc.). Any perceived stain on a woman's virtue could lead her male guardian to challenge the man involved to a duel, and to refuse such a challenge would have been considered cowardice. On the other hand, a woman's reputation could also be repaired through forced marriage. The honor code, as Lope rightly points out, provides infinite fodder for dramatic situations, including the one in *La dama boba*.

---

[3] These terms will be defined in the section "Poetic Forms."

LA DAMA BOBA

La dama boba continues to intrigue scholars and entertain audiences to this day. The renowned Spanish poet and playwright Federico García Lorca produced a highly successful adaptation of it during the 1930s, and the famous Mexican playwright Elena Garro used it as the basis for a play of her own by the same title.[4] Lope's *La dama boba* continues to be performed regularly in theater festivals around the world, including the world-famous Siglo de Oro Drama Festival held each year in El Paso, Texas, and the Festival de Teatro Clásico held annually in Almagro, Spain. There is even a film version of the play by director Manuel Iborra that came out in Spain in 2006.

Lope wrote *La dama boba* in 1613, when he was very much at the zenith of his career. He had already written his *Arte nuevo* a few years before and was without dispute Spain's most popular playwright. Having reached his early 50s, he combined his artistic maturity and his abundant experience with matters of the heart to create an impressive dramatization of love's power to educate and transform a person. Here is an act-by-act plot summary:

ACT I

The action begins in the town of Illescas where Liseo, a young nobleman, stops to have lunch with his lackey, Turín. Liseo is on his way to Madrid to marry Finea, whom he has not met. As they eat, they are joined by another nobleman, Leandro, who has just come from Madrid. Not knowing about Liseo's marriage arrangement, Leandro gossips about Finea and her sister, Nise. He tells Liseo that while Nise is very intelligent, Finea is an ignorant fool. He also mentions that Finea has more suitors because of her larger dowry. Liseo is dismayed at the thought of marrying an ignorant woman.

Meanwhile, Otavio, Finea and Nise's father, has a conversation in his home in Madrid with his friend, Miseno. They discuss Finea's larger

---

[4] See the "Further Reading" section for bibliographic information on these two adaptations.

dowry, and the abundance of suitors that she receives in spite of her lack of intelligence. Otavio complains about Nise's intellectual pursuits, preferring that she concentrate on becoming a good wife and mother. They resolve to arrange a marriage for her in order to distract her from books.

The audience is then introduced to Nise's intellectual capacities as she explains Greek literature to her maid, Celia. They come upon Finea, who, in contrast, is struggling to learn the letters of the alphabet from her tutor. Finea and the tutor have a comic argument that culminates in violence, causing Nise to intervene on the tutor's behalf. While Nise chides Finea for her unwillingness to learn, Finea's maid, Clara, arrives to give the news that one of the cats has given birth, which causes great excitement for Finea.

After Clara takes her to see the kittens, some of the members of Nise's literary club, Duardo, Feniso, and Laurencio, arrive to have Nise judge a sonnet that Duardo has written. After some discussion of the complex sonnet, Laurencio and Nise break away from the group to have a private discussion that reveals to the audience that they are in love. Nise pretends to fall so that she can pass a love note to Laurencio.

When Laurencio is left alone, however, he begins to reconsider his love for Nise. Although he is a nobleman, he is also poor, so Finea's larger dowry appeals to him. He tells his lackey, Pedro, that he will now direct his attention to Finea, and asks Pedro to begin wooing Clara. Just then the two women arrive, and the men begin making amorous advances.

Finea and Clara do not seem to understand Laurencio and Pedro's attempts at courtship, but afterwards Finea expresses her preference for Laurencio over Liseo, of whom she has only seen a small portrait. Since the portrait only shows him from the waist up, she believes that he does not have legs.

Liseo himself then arrives at the home of Otavio. He and his daughters receive the suitor, and Finea and Clara are both shocked to find that he does indeed have legs. Finea makes a number of foolish comments that confirm the rumors that Liseo has heard from Leandro. After this first meeting, Liseo expresses his dismay at being betrothed to such an ignorant woman, and confides in Turín that he intends to renounce his marriage to her and instead try to win over Nise.

Act II

The act opens with a conversation between Duardo, Laurencio, and Feniso, from which the audience learns that a month has passed since Liseo's arrival. During this time Nise has been ill and Liseo has delayed his wedding to Finea. At the same time, Finea has become more intelligent, which Laurencio attributes to the transformative power of love. The three men greet Nise when she arrives with Celia, and Nise sends Duardo and Feniso to pick flowers for her so that she can speak privately with Laurencio. Having heard of his advances towards Finea, Nise reprimands Laurencio for his inconstancy. As their argument grows heated and comically violent, Liseo interrupts and Nise leaves. Liseo, suspecting a relationship between Nise and Laurencio, challenges the latter to a duel. They agree to meet later in the afternoon.

Meanwhile, Finea has her dance lesson with a private instructor. She grows weary of the lesson and provokes a comical and violent argument with the instructor. After he leaves, Clara brings Finea a love note from Laurencio, which she has carelessly allowed to partially burn. Since she is illiterate, Finea takes the note to her father to ask him to read it. The letter causes Otavio great consternation as it reveals to him that Laurencio has been courting his already-engaged daughter. Finea admits that Laurencio has even hugged her, which Otavio forbids her to allow in the future.

Otavio's reprimand is interrupted when Turín brings him word that Laurencio and Liseo are about to duel. Otavio assumes that it is because Liseo has learned of Laurencio's interest in Finea, and rushes to stop them from fighting. Finea and Clara seem to take Otavio's reprimand to heart and agree to stop accepting Laurencio and Pedro's advances.

Meanwhile, as Laurencio and Liseo prepare to duel, Laurencio asks the reason for the challenge. He learns that Liseo is actually interested in Nise and reveals that he is actually interested in Finea, so they decide that there is no reason to duel after all. They agree to help each other in their respective pursuits. Otavio arrives just in time to find them behaving as good friends and accuses Turín of falsehood.

Back at the house, Nise confronts Finea about Laurencio, telling her not to allow him to run through her thoughts or lay eyes on her anymore. Finea agrees, and Laurencio arrives just as Nise leaves. Finea asks him to stop running through her thoughts. She then asks him to remove his eyes from her eyes, which he does by wiping them with a handkerchief. Her next request is that he take back the hug that he gave her previously. Since he hugged her before with the right arm on top, he "un-hugs" her by embracing her again, this time with the left arm on top. Nise walks in on this "un-hugging" and demands a private meeting with Laurencio.

Finea, unhappy that Laurencio has gone off with Nise, goes to her father to find out the cause of her discontent. He explains that those emotions are called jealousy and that the only cure is to fall out of love. When Laurencio returns, she demands that he help her to fall out of love with him. He tells her that in order to fall out of love, she must declare in front of witnesses that she will marry him. She does so, then goes to tell Otavio that she has fallen out of love by agreeing to marry Laurencio. The enraged father wants to ban Laurencio from his home, but Nise convinces him not to because she has been led to believe that Laurencio and Liseo are playing a game with Finea. Otavio takes Finea to a notary to reaffirm her engagement to Liseo.

Liseo then enters the room and declares his love to Nise. She rejects him. During their conversation, Laurencio enters the room secretly from behind Liseo. Nise sees him and begins expressing her love to him. Liseo thinks that she is talking to him, but, after she leaves, discovers that Laurencio was behind him. Laurencio reassures him that he will continue to help him in his efforts to woo Nise, even promising to arrange for Liseo to speak to her in his name that night under the cover of darkness.

Acto III
The act begins with Finea and Clara discussing Finea's transformation by the power of love. Separately, Miseno and Otavio also discuss it, then continue their conversation from Act I about the difficulty of finding a

husband for Nise. Miseno suggests that they marry her to Duardo, reasoning that, since he writes poetry, the two might be compatible. Otavio is skeptical of the idea because of Duardo's interest in poetry, which he finds undesirable in a son-in-law. He then complains about Nise's library full of literary works that he considers to be of no use to a woman.

Meanwhile, Liseo complains to Nise about her disdain for him and threatens to woo Finea instead now that she has become intelligent. Since Nise is not bothered by his threats, he resolves to indeed turn his affections to Finea. The two sisters then perform a dance for Otavio, Miseno, and Liseo, after which Otavio decides to accept Miseno's suggestion to arrange a marriage between Nise and Duardo.

Liseo tells Turín his plan to ask for Finea's hand, then goes to Otavio to do it. Laurencio then learns of Liseo's intentions from Turín and, dismayed, tells Finea that this is the result of her newfound intelligence. She decides to pretend to be a fool again so that Liseo will lose his interest in her. The plan works, but, as she and Laurencio celebrate the success of their trick, Nise catches them together and suspects that they are in love. Noticing her, Finea feigns ignorance again and Laurencio leaves. Nise becomes frustrated with her foolish answers to her questions and asks Otavio to ban Laurencio from the house. Otavio does so, causing Laurencio to demand that he be allowed to take Finea with him since she has agreed to marry him.

Otavio leaves in a rage to get a judge to help settle the dispute. While he is gone, Finea hides Laurencio and Pedro in the attic. When her father returns, she tells him that Laurencio has gone to Toledo. Otavio is relieved, but, concerned about future threats to his honor, tells Finea that she must hide whenever she sees a man. She asks if the attic would be a good place to hide, and he approves.

Liseo, believing Finea to be ignorant again, comes to ask Otavio for Nise's hand. Finea, in spite of Otavio's assurance that it is acceptable for her to be around Liseo, uses the suitor's arrival as an excuse to go hide in the attic (where Laurencio is already hiding). Otavio tells Liseo that he must either marry Finea or leave his home, giving him one day to decide.

After Otavio and Liseo leave the stage, Finea and Clara return and discuss attics at great length. Otavio, Miseno, Duardo, and Feniso arrive to arrange a marriage between Finea and Feniso. Finea uses the presence of these men as an excuse to run to the attic again. Liseo, Turín, and Nise appear and, in front of Otavio and the others, Liseo makes one last effort to entreat Nise. She quickly agrees to marry him, but he does not seem to notice, and he and Turín continue to try to convince her. Celia interrupts with the news that she has seen Clara taking food into the attic. She says that she followed Clara and found her and Finea having a picnic there with two men that she was unable to identify. Otavio rushes off and brings back Laurencio and Pedro at sword-point. He asks Finea why she told him that Laurencio was in Toledo. She explains that the attic is named Toledo, so what she said was technically true. Otavio goes into a rage and threatens to attack her, but Miseno interrupts to recommend that he opt for the more peaceful solution of allowing her to marry. In a typical *comedia* ending, most of the young characters pair off: Finea with Laurencio, Nise with Liseo, Clara with Pedro, and Celia with Turín.

ASPECTS OF LANGUAGE
Although Spanish has not changed as much as English has in the past four centuries, there are still some aspects of Lope's language that are no longer used by Spanish speakers today.

Spelling and Pronunciation Differences
Here are some general examples of archaic spellings that reflect the pronunciation of Lope's time:

Esas **liciones** no son (line 53) (liciones=lecciones)
Luz va **tiniendo** ya pienso (line 1813) (tiniendo=teniendo)
la **escuridad** de mi ingenio (line 2054) (escuridad=oscuridad)
¡Qué **inorante** majadero! (line 718) (inorante=ignorante)
Está bien pensado **ansí** (line 1127) (ansí=así)
Sí, todos los **estremos** tienen vicio (line 241) (estremos=extremos.)
Aún **agora** no he llegado! (line 55) (agora=ahora)

One particular archaic phenomenon that you will see often is called assimilation, which means that one consonant takes on the properties of the one next to it. The most common example is when a pronoun beginning in *l* is attached to a verb in the infinitive. For example:

aunque ya puedo **escusallo** (line 169) (escusallo=escusarlo)

Another common phenomenon in Golden Age Spanish is called metathesis, which refers to the switching of adjacent sounds. It was common in Lope's time and still occurs in some dialects today. For example:

la **cátreda** de las ciencias (line 1083) (cátreda=cátedra)
Entrad con esta runfla, y **dalde** pique (line 1618) (dalde=dadle)

Some verbs had slightly different forms during the Golden Age, some of which survive in certain dialects today. For example:

Esto **trujo** a mi casa el ser discreta (line 1511) (trujo=trajo)
pero **dijérades** bien (line 119) (dijérades=dijerais)

Contractions
In today's Spanish, there are only two contractions: *de* and *el* combine to make *del*, and *a* and *el* combine to make *al*. In the Golden Age *de* also combined with demonstrative adjectives and pronouns, such as **este, esta, esto, ese, esa, eso,** etc., as well as with subject pronouns, such as **él, ella, ellos, ellas.** For example:

Pues, **dese** modo (line 24) (dese=de ese)
Della nació el admirarse (line 1091) (della=de ella)

Another contraction that is now obsolete is *ese* with *otro* or *esa* with *otra*. For example:

¿Pues cómo requiebra a **esotra**... (line 930) (esotra=esa otra)

Demonstrative Adjectives and Pronouns
The archaic forms aqueste, aquesta, aquesto, etc. were used interchangeably with the modern forms este, esta, esto, etc. For example:

Nise es **aquésta** (line 268) (aquésta=ésta)

Pronoun Placement
Today reflexive and object pronouns are placed before conjugated verbs in the indicative and subjunctive, and are attached at the end of infinitives, gerunds, and commands. These rules did not exist in the Golden Age, and it is common to see pronouns attached to the end of conjugated verbs. For example:

Entretiénese la hambre (line 41) (Entretiénese=Se entretiene)
Úsanla mucho alemanes / y flamencos (lines 322-23) (úsanla=la usan)

On the other hand, it was also possible in Lope's time to place pronouns before a command. For example:

A una cosa **te resuelve** (line 2703) (te resuelve=resuélvete)

Leísmo and *Loísmo*
Often Spaniards of Lope's day used the indirect object pronoun *le* as a direct object pronoun. For example:

LISEO   ¿A Madrid?...

LEANDRO   Dejéle ayer (line 92) (le=lo, i.e. Madrid)

The opposite was also sometimes true:

Oigo decir que un hermano
de su padre **la** dejó
esta hacienda... (lines 157-59) (la=le, i.e. Finea)

Future Subjunctive

A verb form that has disappeared from today's Spanish is the future subjunctive. In form it is the same as the past subjunctive, except that it has an **–re** ending instead of an *–ra* ending. The function of the future subjunctive has now been replaced by the present subjunctive in most contexts. For example:

Yo lo que mi ama **hiciere**, / eso haré (lines 817-18) (hiciere=haga)

However, in **si**-clauses, the future subjunctive has today been replaced by the present indicative. For example:

Nise, me dará la vida,
si ella me **diere** la muerte. (lines 183-84) (diere=da)

Forms of Address

The *tú* form existed in Lope's time, although it was still somewhat interchangeable with the (also singular) *vos* form. The *vos* form differed from the *voseo* used today in the Southern Cone in that its verb forms were the same as today's *vosotros* forms. For example:

Vos andáis discreto (194) (vos andáis=vos andás *or* tú andas)

The object and reflexive pronoun *os* was also used singularly. For example:

Antes, Liseo, de sacar la espada,
quiero saber la causa que **os** obliga (lines 1581-82)
   (*os* stands for Liseo)

The formal form of address was still emerging during the Golden Age and was sometimes expressed as *vuestra merced*, from which *usted* eventually derived. Since the *usted* form had yet to be systematized, there were even some cases where the third person *él* was used for extremely formal second person address. For example:

¿Él no me mandó esconder? (line 3139) (Él=usted)

The Missing a

The personal *a* used today when the direct object is a person was often left out in the seventeenth century. For example:

Ni yo **enseñar las** que sueñan / disparates atrevidos
(lines 1409-10) (enseñar las=enseñar a las)

Similarly, the preposition *a* was often eliminated, usually before verbs beginning with the letter *a*. For example:

Vamos acompañaros y serviros (line 1660)
(vamos acompañaros=vamos a acompañaros)

Finally, while in today's Spanish the articles *la* and *una* are replaced with *el* and *un* when they come before a word beginning with a stressed *a* sound (as in *el agua, un hacha*), in the Golden Age this rule sometimes extended to any word beginning with a stressed vowel sound. For example:

por **un hora** de discreta (line 2975) (un hora= una hora)

Haber *as* Tener

Sometimes the verb *haber* was used to denote possession, a meaning today reserved for *tener*. For example:

Todas **habéis** lo que basta (line 2445) (habéis=tenéis)

Hyperbaton

Hyperbaton is the distortion of the normal word order in a sentence. Lope and other writers from his time often used it for poetic effect and to preserve meter and rhyme. For example:

> **Tratado me ha de casar** / con un caballero indiano (lines 857-58)
> (tratado me ha de casar=ha tratado de casarme *or* me ha tratado de casar)

VERSE FORMS

In Hispanic poetry, poetic forms are determined by two main characteristics:

1. The number of syllables in each line.
2. The type of rhyme.

Number of syllables

Each word is made of one or more syllables. Typically, the combined number of syllables from all of the words in a line (called a *verso* in Spanish) make up the number of syllables in the line. For example:

> Famoso lugar Illescas (line 4)
>
> 1   2   3   4   5   6   7   8
> Fa/ mo/   so/ lu/ gar/ I/   lles/ cas

If, however, one word ends in a vowel and the subsequent word begins in a vowel, the two syllables are counted together as one. This is called synaloepha (*sinalefa*, in Spanish). For example:

> tienen fama en toda Europa (line 3)
>
> 1   2   3   4   5   6   7 8
> tie/ nen/ fa/ **maen**/ to/ **daEu**/ ro/ pa

Both of the above lines are examples of what is called *verso grave* or *verso llano*, meaning that the line ends with a spoken emphasis on the second-to-last syllable: "... /Eu/**RO**/pa." Sometimes, however, a line ends with the emphasis on the last syllable. This is called *verso agudo*, and requires that you add an additional, silent syllable to your syllable count. For example:

> que ya no quiero comer (line 173)

> 1   2   3   4   5   6   7   +1=8
> que/ ya/ no/ quie/ ro/ co/ **mer**/

Occasionally a line may end with a word that has emphasis on the third-to-last syllable. This is called a *verso esdrújulo*, and requires that you subtract one of the syllables from your count. For example:

> porque es querer labrar con vidro un pórfido (line 1486)

> 1   2   3   4   5   6   7   8   9   10   11 12-1=11
> por/ quees/ que/ rer/ la/ brar/ con/ vid/ roun/ **pór**/ fi/ do

Here are the most common lines in Spanish poetry:

7 syllables	heptasyllable	*heptasílabo*
8 syllables	octosyllable	*octosílabo*
11 syllables	hendecasyllable	*endecasílabo*

It is important to note that, in a play, a single line of poetry can be shared by two or more characters. For example:

TURÍN.   ¿Qué haremos?

LISEO.   Ponte a caballo; (line 172)

Although split between Turín and Liseo, these two lines count as one line and must be combined for the purpose of counting syllables:

1		2	3		4		5	6	7	8
¿Quéha/		re/	mos?/		Pon/		tea/	ca/	ba/	llo

Rhyme
Rhyme in Spanish is determined by the last two syllables of a line. There are two types of rhyme: *rima asonante* and *rima conconante*. If it is *rima asonante*, only the vowels sound the same. For example:

> Pregonaban agua ardiente
> —agua bisnieta del vino—,
> los hombres carnestolendas,
> todos naranjas y gritos. (lines 425-28)

On the other hand, if it is *rima conconante,* the vowels and the consonants that they enclose both sound alike. For example:

> y algunos que le dio naturaleza,
> siempre más liberal de la belleza. (lines 207-8)

Keep in mind that in a *verso agudo*, the last two syllables include the final silent syllable, which in effect means that the rhyme is only in the last syllable. For example:

> de una mujer como vos,
> que, como lo ordena Dios, (lines 774-75)

Stanza Forms
Here are the stanza forms that you will encounter in *La dama boba*.

REDONDILLAS
A *redondilla* is made up of stanzas of four octosyllabic lines with *rima*

consonante according to the rhyme scheme **abba**. For example:

los reyes, roques y arf**iles**	(a)
conocidas casas t**ienen,**	(b)
los demás que van y v**ienen**	(b)
son como peones v**iles** (lines 109-12)	(a)

In his *Arte nuevo*, Lope prescribes *redondillas* for talking about love. Here, however, Leandro uses them somewhat ironically as he talks about political intrigues in Madrid and their connection to matters of love.

ROMANCE

The term *romance* actually has nothing to do with the English meaning of "romance." It is a poetic form made up of octosyllabic lines with *rima asonante* only in the even-numbered lines. It is not divided into stanzas and can be as long or as short as the poet chooses. For example:

> Salía por donde suele
> el sol, muy galán y r**ico,**
> con la librea del rey,
> colorado y amar**illo;**
> andaban los carretones
> quitándole el romad**izo**
> que da la noche a Madrid. (lines 413-19)

This is a fragment of Clara's lengthy account of the birth of a litter of kittens, and therefore fits perfectly Lope's recommendation to use *romances* to describe things that have occurred offstage. Since the *i*'s and *o*'s rhyme in this particular *romance*, we call it a *romance i-o*.

DÉCIMAS

Décimas are stanzas made up of ten octosyllabic lines with *rima consonante* according to the the scheme **abbaaccddc**. For example:

Señora, a vuestra sal**ud**	(a)
hoy cuantas cosas os v**en**	(b)
dan alegre parabi**én,**	(b)
y tienen vida y quiet**ud;**	(a)
que como vuestra virt**ud**	(a)
era el sol que se la d**io,**	(c)
mientras el mal le eclip**só,**	(c)
también lo estuvieron **ellas;**	(d)
que hasta ver vuestras estr**ellas**	(d)
fortuna el tiempo corri**ó.** (lines 1155-64)	(c)

Lope says that *décimas* are good for complaints. He does not precisely follow that rule here, where Duardo is congratulating Nise for recovering from her illness, although he does complain about her absence.

PAREADOS

The *pareado* is probably the simplest stanza form. It is simply two hendecasyllabic lines with consonantal rhyme. For example:

> pues que vos, dilatando el casami**ento,**
> habéis dado más fuerzas a mi int**ento;**
>
> y porque, cuando llegan oblig**adas**
> a desnudarse en campo las esp**adas,**
>
> se han de tratar verdades llanam**ente;**
> que es hombre vil quien en el campo mi**ente.** (lines 1594-99)

OCTAVAS REALES

The *octava real* stanza consists of eight hendecasyllabic lines with *rima consonante* according to the scheme ABABABCC (the capital letters indicate that the lines are in *arte mayor*, meaning that they are longer than eight syllables). For example:

Mis hijas son entrambas; mas yo os juro,	(A)
que me enfadan y cansan cada una	(B)
por su camino, cuando más procuro	(A)
mostrar amor y inclinación a alguna.	(B)
Si ser Finea simple es caso duro,	(A)
ya lo suplen los bienes de Fortuna	(B)
y algunos que le dio naturaleza,	(C)
siempre más liberal de la belleza. (lines 201-8)	(C)

Although Lope says that *romances* are good for narrating, he adds that *octavas reales* are especially good for that. They are also commonly used in Spanish *comedias* when kings speak. Although there is no king character in *La dama boba*, Otavio, the patriarchal figure, often uses them, as in this example. It is perhaps not coincidental that his name sounds like the name of this stanza form.

SONETOS

The sonnet, *soneto*, is probably the best known poetic form in both English and Spanish. It consists of fourteen hendecasyllabic lines with *rima consonante* according to the scheme ABBAABBACDCDCD or ABBAABBACDECDE. For example:

Hermoso sois, sin duda, pensamiento,	(A)
y aunque honesto también, con ser hermoso,	(B)
si es calidad del bien ser provechoso,	(B)
una parte de tres que os falta siento.	(A)
Nise, con un divino entendimiento,	(A)
os enriquece de un amor dichoso;	(B)
mas sois de dueño pobre, y es forzoso,	(B)
que en la necesidad falte el contento.	(A)
Si el oro es blanco y centro del descanso,	(C)
y el descanso del gusto, yo os prometo,	(D)
que tarda el navegar con viento manso.	(C)
Pensamiento, mudemos de sujeto;	(D)

si voy necio tras vos, y en ir me **canso**,   (C)
cuando vengáis tras mí, seréis disc**reto**. (635-48)   (D)

According to the *Arte nuevo*, sonnets are good for characters that are waiting, and in this example, Laurencio is indeed waiting for his lackey to join him.

DISTRIBUTION OF POETIC FORMS IN *LA DAMA BOBA*
ACTO I

Redondillas	1-184
Octavas reales	185-272
Redondillas	273-412
Romance (i-o)	413-492
Redondillas	493-524
Soneto	525-538
Redondillas	539-634
Soneto	635-648
Redondillas	649-888
Romance (o-a)	889-1062

ACTO II

Redondillas	1063-1154
Décimas	1155-1214
Redondillas	1215-1230
Romance (a-e)	1231-1364
Redondillas	1365-1484
Unrhymed hendecasyllables with a few pareados	1485-1540
Redondillas	1541-1580
Pareados with a few	

unrhymed hendecasyllables	1581-1667
Redondillas	1668-1787
Unrhymed hendecasyllables with a few pareados	1788-1824
Redondillas	1825-1860
Romance (a-a)	1861-2032

ACT III

Décimas	2033-2072
Redondillas	2073-2220
Song and dance[5]	2221-2318
Redondillas	2321-2428
Romance (e-o)	2429-2636
Redondillas	2637-2872
Romance (e-e)	2873-2932
Redondillas	2933-3028
Romance (o-a)	3029-3186

FURTHER READING

Editions[6]

Aguilar Piñal, Francisco. *La dama boba. Los melindres de Belisa*. Madrid: Editorial Magisterio Español, 1968.

Hesse, Everett W. *Fuente Ovejuna* and *La dama boba*. New York: Dell Publishing, 1964.

Marín, Diego. *La dama boba*. 2nd ed. Madrid: Cátedra, 1977.

Schevill, Rudolph. *The Dramatic Art of Lope de Vega, Together with* La dama boba. Berkeley: U of California P, 1918.

---

[5] See the notes to this section in the play for a more detailed analysis.

[6] The editions and translations here are listed by the editor's last name, although you will find them in the library under Lope de Vega's name.

Zamora Vicente, Alonso. *Peribáñez y el comendador de Ocaña. La dama boba*. Madrid: Espasa-Calpe, 1969.

Translations
Oliver, William I. *Lady Nitwit. La dama boba*. Tempe, AZ: Bilingual P/Editorial Bilingüe, 1998.

Oppenheimer, Max, Jr. *The Lady Simpleton*. Lawrence, KS: Coronado P, 1976.

Adaptations
Aguilera Sastre, Juan and Isabel Lizarraga Vizcarra. *Federico García Lorca y el teatro clásico. La versión escénica de* La dama boba. Logroño: Universidad de La Rioja, 2001.

La dama boba. Dir. Manuel Iborra. DeAPlaneta Home Entertainment, 2006.

Friedman, Edward H. *Wit's End: An Adaptation of Lope de Vega's* La dama boba. New York: Peter Lang, 2000.

Garro, Elena. *La dama boba. Un hogar sólido y otras piezas*. Xalapa: Universidad Veracruzana, 1983. 171-246.[7]

The Life of Lope de Vega
Castro, Américo and Hugo A. Rennert. *Vida de Lope de Vega (1562-1635)*. Salamanca: Ediciones Anaya, 1969.

Hayes, Francis C. *Lope de Vega*. New York: Twayne Publishers, 1967.

Spain During Lope's Lifetime
Elliott, J.H. *Spain and its World: Selected Essays*. New Haven, CT: Yale UP, 1989.

Kamen, Henry. *Spain 1469-1714: A Society of Conflict*. 2nd ed. New York: Longman, 1991.

---

[7] This is not actually an adaptation but rather an original play by the renowned twentieth-century Mexican playwright. It is about a traveling theater group from Mexico City that performs Lope's *La dama boba* in a small Mexican town where some of the illiterate locals have difficulty distinguishing between reality and fiction.

Comedia Resources

Allen, John J. *The Reconstruction of a Spanish Golden Age Playhouse*. El Corral del Príncipe: *1583-1744*. Gainesville, FL: UP of Florida, 1983.

Blue, William R. *Spanish Comedies and Historical Contexts in the 1620s*. University Park, PA: The Pennsylvania State UP, 1996.

Gerstinger, Heinz. *Lope de Vega and Spanish Drama*. Tran. Samuel R. Rosenbaum. New York: Frederick Ungar Publishing, 1974.

Jones, Harold G. and Vern G. Williamsen. "Spanish Prosody." Association for Hispanic Classical Theater. 12 Apr. 2010. <http://www.comedias.org/resources/poetic.html>.

McKendrick, Melveena. *Theatre in Spain: 1490-1700*. Cambridge, UK: Cambridge UP, 1989.

Parker, A.A. *The Approach to the Spanish Drama of the Golden Age*. London: The Hispanic and Luso-Brazilian Councils, 1957.

Shergold, N.D. *A History of the Spanish Stage: From Medieval Times Until the End of the Seventeenth Century*. Oxford: Oxford UP, 1967.

Thacker, Jonathan. *A Companion to Golden Age Theatre*. Woodbridge, UK: Tamesis, 2007.

Vega, Lope de. *El arte nuevo de hacer comedias en este tiempo*. Ed. Vern Williamsen. 1995. Association for Hispanic Classical Theater. 12 Apr. 2010. <http://www.comedias.org/resources/artnue.html>.

La dama boba Resources

Bass, Laura R. "The Economics of Representation in Lope de Vega's *La dama boba*." *Bulletin of Spanish Studies* 83.6 (2006): 771-787.

Bergmann, Emilie L. "Reading and Writing in the *Comedia*." *The Golden Age Comedia: Text, Theory, and Performance*. Ed. Charles Ganelin and Howard Mancing. West Lafayette, IN: Purdue UP, 1994. 276-92.

Casa, Frank P., Luciano García Lorenzo and Germán Vega García-Lugones. *Diccionario de la comedia del Siglo de Oro*. Madrid: Editorial Castalia, 2002.

Gómez Torres, David. "*La dama boba* de Lope de Vega: Un caso de subversión aparente o el proceso de formación de un discurso monológico." *Bulletin of the Comediantes* 48.2 (1996): 214, 315-27.

González G., Serafín. "La cuestión de la literatura profana en *La dama boba*." *Bulletin of the Comediantes* 50.2 (1998): 281-89.

Heigl, Michaela. "La representación de la mujer en *La dama boba*." *Bulletin of the Comediantes* 50.2 (1998): 291-306.

Holloway, James E., Jr. "Lope's Neoplatonism: *La dama boba*." *Bulletin of Hispanic*

Studies 49 (1972): 236-55.

Larson, Catherine. "Lope de Vega and Elena Garro: The Doubling of *La dama boba*." *Hispania* 74.1 (1991): 15-25.

————. "'Yo quiero hablar claro': Language as the Motivating Force of Lope's *La dama boba*." *Things Done with Words: Speech Acts in Hispanic Drama*. Ed. Elias L. Rivers. Newark, DE: Juan de la Cuesta, 1986. 29-38.

Larson, Donald R. "*La dama boba* and the Comic Sense of Life." *Romanische Forschungen* 85 (1973): 41-62.

Stoll, Anita K. "Elena Garro's/Lope de Vega's *La dama boba*: Seventeenth-Century Inspiration for a Twentieth-Century Dramatist." *Latin American Theatre Review* 23.2 (1990): 21-31.

Surtz, Ronald E. "Daughter of Night, Daughter of Light: The Imagery of Finea's Transformation in *La dama boba*." *Bulletin of the Comediantes* 33.2 (1981): 161-167.

Wardropper, Bruce. "Lope's *La dama boba*, and Baroque Comedy." *Bulletin of the Comediantes* 13.2 (1961): 1-3.

La dama boba

Personas deste Acto:

LISEO, caballero
TURÍN, lacayo
LEANDRO, caballero
OTAVIO, viejo
MISENO, su amigo
DUARDO, caballero
LAURENCIO, caballero

FENISO, caballero
RUFINO, maestro
NISE, dama
FINEA, su hermana
CELIA, criada
CLARA, criada
PEDRO, lacayo

Acto Primero

Salgan Liseo, caballero, y Turín, lacayo.°   lackey
Los dos 'de camino.°   dressed for the
                                                      road

LISEO   ¡Qué lindas posadas!°   inns

TURÍN   Frescas.

LISEO   No hay calor.

TURÍN   Chinches° y ropa   bedbugs
               tienen fama en toda Europa.

LISEO   Famoso lugar Illescas;[1]
               no hay en todos los que miras
               quien le iguale.

TURÍN   Aun si supieses
               la causa...

LISEO   ¿Cuál es?

TURÍN   Dos meses

---

[1] Illescas is a town located about halfway between Toledo and Madrid. According to Schevill, it was "once a popular 'half-way house'" between the two cities and "is frequently mentioned in Spanish plays" (252).

de guindas° y de mentiras.   Morello cherries

LISEO   Como aquí, Turín, se juntan
         de la Corte° y de Sevilla,   Madrid
         Andalucía y Castilla,
         unos a otros preguntan,
         unos de las Indias° cuentan,   the Americas
         y otros con discursos largos
         de provisiones y cargos,
         cosas que el vulgo° alimentan.°   common folk, nourish
         ¿No tomaste las medidas?[2]

TURÍN   Una docena tomé.

LISEO   ¿Y imágenes?°   images of saints
TURÍN   Con la fe
         que son de España admitidas,
         por milagrosas en todo
         cuanto en cualquiera ocasión
         les pide la devoción
         y el nombre.

LISEO   Pues, dese modo
         lleguen las postas° y vamos.   horses

TURÍN   ¿No has de comer?

LISEO   Aguardar
         a que se guise,° es pensar   cook
         que a medianoche llegamos;
         y un desposado,° Turín,   groom (at a wedding)
         ha de llegar cuando pueda
         lucir.°   look good

TURÍN   Muy atrás se queda
         con el repuesto° Marín;   provision
         pero yo traigo que comas.

LISEO   ¿Qué traes?

---

[2] Ribbons cut to the same length as the height of a saint's statue. They
normally carried a gold or silver medallion stamped with the saint's name
and were used for devotional purposes.

TURÍN	Ya lo verás.	
LISEO	Dilo.	
TURÍN	Guarda.	
LISEO	Necio estás.	
TURÍN	¿Desto pesadumbre° tomas?	displeasure
LISEO	Pues para decir lo que es…	
TURÍN	Hay a quien pesa de oír su nombre; basta decir que tú lo sabrás después.	
LISEO.	Entretiénese° la hambre con saber 'qué ha de comer.°	=se entretiene what there is to eat
TURÍN	Pues sábete que ha de ser…	
LISEO	¡Presto!	
TURÍN	'tocino fiambre.°	cold smoked pork
LISEO	Pues ¿a quién puede pesar de oír nombre tan hidalgo,° Turín? Si me has de dar algo, ¿qué cosa me puedes dar, que tenga igual a ese nombre?	noble-sounding
TURÍN	Esto y una hermosa caja.°	box of candied fruit
LISEO	Dame de queso una raja;° que nunca el dulce es muy hombre.	slice
TURÍN	Esas liciones° no son de galán° ni desposado.	=lecciones young gentleman
LISEO	¡Aún agora° no he llegado!	=ahora
TURÍN	Las damas de Corte son todas un fino cristal: trasparentes y divinas.	
LISEO	Turín, las mas cristalinas	

40

50

comerán.

60　TURÍN　　　　　　　　Es natural;
pero esta hermosa Finea,
con quien a casarte vas,
comerá…

LISEO　　　　　　　　Dilo.

TURÍN　　　　　　　　　　no más
de azúcar, maná° y jalea.°　　　　　　　　candied almonds,
Pasaráse una semana　　　　　　　　　　candied fruit
con dos puntos en el aire
de azúcar.[3]

LISEO　　　　　　　'Gentil donaire.°　　　　　　charming wit

TURÍN　　　¿Qué piensas dar a su hermana?

LISEO　　　A Nise, su hermana bella,
70　　　　　una rosa de diamantes;
que así tengan los amantes
tales firmezas con ella.
Y una cadena° también　　　　　　　　gold necklace
que compite con la rosa.

TURÍN　　　Dicen que es también hermosa.

LISEO　　　Mi esposa parece bien,
si doy crédito a la fama.
De su hermana poco sé;
pero basta que me dé
80　　　　lo que más se estima y ama.

TURÍN　　　¡Bello golpe de dinero!

LISEO　　　Son cuarenta mil ducados.°　　　　　ducats

TURÍN　　　¡Bravo dote!°　　　　　　　　　　dowry

LISEO　　　　　　　　Si contados
los llego a ver como espero.

---

[3] **Pasaráse una…** Scheville renders this "she will get along a whole week
(and more, that is, with several *points to spare*) on sugar; or *with two stitches
loose*" (257).

TURÍN	De un macho° con guarniciones° *stallion, harness* verdes y estribos° de palo *stirrups* 'se apea° un hidalgo.° *dismounts, nobleman*
LISEO	Malo, si la merienda me pones.

Salga Leandro, de camino

LEANDRO	Huésped,° ¿habrá que comer? *host*
90 LISEO	Seáis, señor, bien llegado.
LEANDRO	Y vos en la misma hallado.[4]
LISEO	¿A Madrid?…
LEANDRO	Dejéle ayer, cansado de no salir con pretensiones cansadas.
LISEO	Ésas van adjetivadas con esperar y sufrir.[5] 'Holgara por° ir con vos: *I wish I could* lleváramos un camino.
LEANDRO	Si vais a lo que imagino, 100 nunca lo permita Dios.
LISEO	'No llevo que pretender;° *I bring no petition* a negocios hechos voy. ¿Sois de ese lugar?
LEANDRO	Sí soy.
LISEO	Luego podréis conocer la persona que os nombrare.[6]
LEANDRO	Es Madrid una 'talega de piezas° donde 'se anega° *sack of chess pieces, is*

---

[4] **Y vos…** *may you also be found well*
[5] **Ésas van…** Oppenheimer translates this as "They [i.e. the pretentions] do end up thus qualified / when you suffer and wait around."
[6] **Nombrare=nombre.** This is an example of the future subjunctive (see "Aspects of Language" in the Introduction).

cuanto su máquina pare: swallowed up
los reyes, roques° y arfiles°[7]   rooks, bishops (chess)
110 conocidas casas tienen,
los demás que van y vienen
son como peones° viles;   pawns
todo es allí confusión.

LISEO   No es Otavio pieza vil.

LEANDRO   Si es quien yo pienso, es arfil,
y pieza de estimación.

LISEO   Quien yo digo es padre noble
de dos hijas.

LEANDRO   Ya sé quien;
pero dijérades° bien   =dijerais
120 que de una palma y de un roble.°   oak

LISEO   ¿Cómo?

LEANDRO   Que entrambas° lo son;   both (daughters)
pues Nise bella es la palma,
Finea un roble, sin alma
y discurso de razón.
Nise es mujer tan discreta,°   intelligent
sabia, gallarda,° entendida,   elegant
cuanto Finea encogida,°   timid
boba,° indigna y imperfeta;   stupid
y aun pienso que oí tratar
que la casaban.

130 LISEO [a Turín]   ¿No escuchas?

LEANDRO   Verdad es que no habrá muchas
que la puedan igualar
en el riquísimo dote.
Mas ¡ay de aquel desdichado
que espera una bestia al lado!

---

[7] The comparison of society to chess pieces was common in the Golden Age.

Pues más de algún marquesote[8]
a codicia del dinero
pretende la bobería
desta dama, y a porfía
140   hacen su calle terrero.°   terrace used for
                                            courtship

LISEO   [*a Turín*] Yo llevo lindo concierto;
a gentiles vistas voy.

TURÍN   [*a Liseo*] Disimula.°   dissemble

LISEO   [*a Turín*]   Tal estoy,
que apenas a hablar acierto.
En fin, señor, ¿Nise es bella
y discreta?...

LEANDRO   Es celebrada
por única, y deseada
por las partes° que hay en ella   good qualities
de gente muy principal.

150 LISEO   ¿Tan necia es esa Finea? — Is she so foolish?

LEANDRO   Mucho sentís que lo sea.

LISEO   Contemplo de sangre igual
dos cosas tan desiguales;
mas ¿cómo en dote lo son?°   how unequal are they
Que hermanas fuera razón   in dowry?
que los tuvieran iguales.

LEANDRO   Oigo decir que un hermano
de su padre la dejó
esta hacienda,° porque vio   property
160   que sin ella fuera en vano
casarla con hombre igual
a su noble nacimiento,
supliendo° el entendimiento   making up for
con el oro.

LISEO   Él hizo mal.

---

[8] A diminutive form of **marqués** (marquis) that was often used pejoratively
to refer to a poor nobleman.

LEANDRO	Antes bien; porque con esto,
	tan discreta vendrá a ser
	como Nise.

TURÍN	¿Has de comer?

LISEO	Ponme lo que dices presto,
	aunque ya puedo escusallo.° =escusarlo

170 LEANDRO   ¿Mandáis, señor, otra cosa?

LISEO   Serviros. *[Éntrese° Leandro].*   exits
         ¡Qué linda esposa!

TURÍN   ¿Qué haremos?

LISEO   Ponte a caballo;
         que ya no quiero comer.

TURÍN   'No te aflijas,° pues no es hecho.   do not grieve over it

LISEO   Que me ha de matar, sospecho,
         si es necia, y propia mujer.

TURÍN   Como tú no digas sí,
         ¿quién te puede cautivar?

LISEO   Verla, ¿no me ha de matar,
180   aunque es basilisco⁹ en mí?

TURÍN   No, señor.

LISEO   También advierte
         que, siendo tan entendida
         Nise, me dará la vida,
         si ella me diere la muerte.

Éntrense, y salgan Otavio, viejo, y Miseno

OTAVIO   Ésta fue la intención que tuvo Fabio.

MISENO   Parece que os quejáis.

OTAVIO   Bien mal emplea

---

⁹ **Basilisco** *basilisk*, a mythical snake capable of killing with its sight.

mi hermano tanta hacienda, no fue sabio;
bien es que Fabio, y que no sabio sea.[10]

MISENO   Si en dejaros hacienda os hizo agravio,°   offense
             vos propio lo juzgad.

190   OTAVIO   Dejó a Finea,
             a título de simple, tan gran renta,°   income
             que a todos hasta agora nos sustenta.

MISENO   Dejóla a la que más le parecía
             de sus sobrinas.

OTAVIO   Vos andáis discreto;
             pues a quien heredó su bobería,
             dejó su hacienda para el mismo efeto.°   =**efecto**

MISENO   De Nise la divina gallardía,°   elegance
             las altas esperanzas, y el conceto°   =**concepto** *favorable*
             os deben de tener apasionado.°   *opinion*; devoted
200   ¿Quién duda que le sois más inclinado?

OTAVIO   Mis hijas son entrambas; mas yo os juro,
             que me enfadan y cansan cada una
             por su camino, cuando más procuro
             mostrar amor y inclinación a alguna.
             Si ser Finea simple es caso duro,
             ya lo suplen los bienes de Fortuna
             y algunos que le dio naturaleza,
             siempre más liberal° de la belleza.   generous
             Pero ver tan discreta y arrogante
210   a Nise más me pudre° y martiriza,°   bothers, tortures
             y que de bien hablada y elegante
             el vulgazo° la aprueba y soleniza.°   common folk,
             Si me casara agora—y no te espante   =**solemniza**
             esta opinión, que alguno la autoriza—,
             de dos extremos, boba o bachillera,   educated woman
             la boba elección sin duda hiciera.

MISENO   No digáis tal, por Dios; que están sujetas

---

[10] **Bien es…** *it is a good thing that his name is Fabio instead of Sabio.* A pun on
the similarity of the words "Fabio" and "sabio" (wise).

a no acertar en nada.

OTAVIO   Eso es engaño;
que yo no trato aquí de las discretas;
220   sólo 'a las bachilleras desengaño.°   I only speak of
De una casada son partes perfetas   educated women
virtud y honestidad.

MISENO   Parir cadaño,°   =cada año
no dijérades mal, si es argumento
de que vos no queréis entendimiento.

OTAVIO   Está la discreción de una casada
en amar y servir a su marido,
en vivir recogida° y recatada,°   quiet, prudent
honesta en el hablar y en el vestido;
en ser de la familia respetada,
230   en retirar la vista y el oído,
en enseñar los hijos cuidadosa,
preciada más de limpia que de hermosa.
¿Para qué quiero yo que bachillera
la que es propia mujer concetos° diga?   witticisms
Esto de Nise por casar me altera;
lo más como lo menos me fatiga.
Resuélvome en dos cosas que quisiera,
pues la virtud es bien que el medio siga:
que Finea supiera más que sabe,
y Nise menos.

240   MISENO   Habláis cuerdo° y grave.   prudently

OTAVIO   Sí, todos los estremos° tienen vicio;   =extremos
yo estoy con justa causa discontento.

MISENO   Y ¿qué hay de vuestro yerno?°   son-in-law

OTAVIO   Aquí el oficio
de padre y dueño alarga el pensamiento.
Caso a Finea, que es notable indicio
de las leyes del mundo al oro atento.
Nise, tan sabia, docta° y entendida,   learnèd
apenas halla un hombre que la pida;
y por Finea simple, por instantes

250   me solicitan tantos pretendientes,°   suitors
          —del oro más que del ingenio amantes—
          que me cansan amigos y parientes.

MISENO   Razones hay al parecer bastantes.

OTAVIO   Una hallo yo, sin muchos aparentes,
          y es el buscar un hombre en todo estado
          lo que le falta más, con más cuidado.

MISENO   Eso no entiendo bien.

OTAVIO   Estadme atento.
          Ningún hombre nacido a pensar viene
          que le falta, Miseno, entendimiento,
260   y con esto no busca lo que tiene.
          Ve que el oro le falta y el sustento,
          y piensa que buscalle le conviene;
          pues como ser la falta el oro entienda,
          deja el entendimiento, y busca hacienda.

MISENO   ¡Piedad del cielo que ningún nacido
          se queje de faltarle entendimiento!

OTAVIO   Pues a muchos, que nunca lo han creído,
          les falta, y 'son sus obras argumento.°   their works are proof of
                                                   it

MISENO   Nise es aquésta.°   =ésta

OTAVIO   Quítame el sentido
          su desvanecimiento.°   pride

270 MISENO   Un casamiento
          os traigo yo.

OTAVIO   Casémosla; que temo
          alguna necedad de tanto estremo.

Éntrense Otavio y Miseno, y salgan Nise y Celia, criada

NISE   ¿Diote el libro?

CELIA   Y tal, que obliga
          a no abrille ni tocalle.

NISE   Pues, ¿por qué?

CELIA   Por no ensucialle,
    si quieres que te lo diga;
    en 'cándido pergamino°   white parchment
    vienen muchas flores de oro.

NISE   Bien lo merece Eliodoro,[11]   ✗ *intelligence*
280   griego poeta divino.

CELIA   ¿Poeta? Pues parecióme
    prosa.

NISE   También hay poesía
    en prosa.

CELIA   No lo sabía;
    miré el principio, y cansóme.

NISE   Es que no se da a entender
    con el artificio° griego   artistic style
    hasta el quinto libro, y luego
    todo se viene a saber
    cuanto precede a los cuatro.

290 CELIA   En fin, ¿es poeta en prosa?

NISE   Y de una historia amorosa
    digna de aplauso y teatro.
    Hay dos prosas diferentes,[12]
    poética y historial:
    la historial, lisa° y leal,   plain
    cuenta verdades patentes°   obvious
    con *frasi*° y términos claros;   phrases (Italian)
    la poética es hermosa,
    varia, culta,° licenciosa   learned
300   y escura,° aun a ingenios raros;   =oscura *obscure*
    tiene mil exornaciones°   rhetorical adornment
    y 'retóricas figuras.°   literary tropes

---

[11] Eliodoro, or Heliodorus, was an ancient Greek writer best known for his
novel *Aethiopica*, a romance consisting of ten books and written in poetic
prose. A translation, *Historia ethiopica de Heliodoro*, was published in 1554.
[12] Nise's discussion of the difference between history and poetry is based
on Aristotle's *Poetics*.

CELIA   ¿Pues de cosas tan escuras
              juzgan tantos?

NISE   No le pones,
              Celia, pequeña objeción;
              pero así corre el engaño°   deception
              del mundo.

Salgan Finea, dama, con unas cartillas,° y Rufino, maestro.   lesson books

FINEA   Ni en todo el año
              saldré con esa lición.

CELIA   [*a Nise*] Tu hermana con su maestro.

310 NISE   ¿Conoce las letras ya?

CELIA   En los principios está.

RUFINO   Paciencia, o no letras muestro.
              ¿Qué es ésta?

FINEA   Letra será.

RUFINO   ¿Letra?

FINEA   ¿Pues es otra cosa?

RUFINO   ¡No sino el alba!° [*Aparte*] (¡Qué hermosa   daybreak
              bestia!)

FINEA   Bien, bien; sí, ya, ya:
              el alba debe de ser,
              cuando andaba entre las coles.[13]

RUFINO   Esta es *ca*: los españoles
320   no la solemos poner
              en nuestra lengua jamás.
              Úsanla mucho alemanes

---

[13] **El alba…** *it must be the dawn, when it walked through the cabbages.* This is a reference to a popular joke, in which a farmer's wife slips out at night to have an affair with another man. When her husband looks out the window at dawn, her lover escapes on hands and knees. When the husband asks who made the noise, she responds "no es sino el alba que anda entre las coles" (Schevill 263).

y flamencos.°   Flemish

FINEA   ¡Qué galanes°   elegant
van todos estos detrás!

RUFINO   Éstas son letras también.

FINEA   ¿Tantas hay?

RUFINO   Veintitrés son.

FINEA   Ahora vaya de lición,
que yo lo diré muy bien.

RUFINO   ¿Qué es ésta?

FINEA   ¿Aquésta? No sé.

RUFIINO   Y ¿ésta?

330   FINEA   No sé qué responda.

RUFINO   Y ¿ésta?

FINEA   ¿Cuál? ¿Esta redonda
letra?

RUFINO   Bien.

FINEA   Luego ¿acerté?

RUFINO   ¡Linda bestia!

FINEA   ¡Así, así!
Bestia,[14] por Dios, se llamaba;
pero no se me acordaba.

RUFINO   Ésta es *erre*, y esta es *i.*

FINEA   ¿Pues si tú lo traes errado?

NISE   ¡Con qué pesadumbre° están!   grief

RUFINO   Di aquí: B, A, N, BAN.

---

[14] Finea thinks that **bestia** is a letter.

FINEA	¿Dónde van?[15]	
340 RUFINO	¡Gentil cuidado!	
FINEA	Que se van ¿no me decías?	
RUFINO	Letras son: míralas bien.	
FINEA	Ya miro.	
RUFINO	B, E, N, BEN.	
FINEA	¿Adónde?	
RUFINO	Adonde en mis días no te vuelva más a ver.	
FINEA	¿Ven, no dices? Pues ya voy.	
RUFINO	¡Perdiendo el juicio estoy! Es imposible aprender. ¡Vive Dios! que te he de dar una palmeta.°	hit on the hand
350 FINEA	¿Tú a mí?	

El maestro saca una palmatoria.° — instrument used to hit hands

RUFINO	Muestra la mano.
FINEA	Hela aquí.
RUFINO	Aprende a deletrear.
FINEA	¡Ay, perro! ¿aquesto es palmeta?
RUFINO	Pues ¿qué pensabas?
FINEA	¡Aguarda!
NISE	Ella le mata.[16]
CELIA	Ya tarda

---

[15] Finea mistakes her teacher's nonsense word **ban** with the word **van**. She does the same with **ben** below.

[16] Nise's comment is a form of implicit stage direction indicating that Finea attacks the teacher in some way.

tu favor, Nise discreta.

RUFINO   ¡Ay, que me mata!

NISE   ¿Qué es esto?
            ¿A tu maestro?

FINEA   Hame dado
            causa.

NISE   ¿Cómo?

FINEA   Hame engañado.

RUFINO   ¿Yo engañado?

360 NISE   Dila presto.[17]

FINEA   Estaba aprendiendo aquí
            la letra *bestia* y la *ca*.

NISE   La primera sabes ya.

FINEA   Es verdad: ya la aprendí.
            Sacó un zoquete° de palo,   stick
            y al cabo una media bola,°   ball
            pidióme la mano sola,
            —¡mira qué lindo regalo!—
            y apenas me la tomó,
370   cuando ¡zas! la bola asienta,
            que pica como pimienta,
            y la mano me quebró.

NISE   Cuando el discípulo° ignora,   student
            tiene el maestro licencia
            de castigar.

FINEA   ¡Linda ciencia!

RUFINO   Aunque me diese, señora,
            vuestro padre cuanto tiene,
            no he de darle otra lición.

---

[17] **Dila presto.** Oliver translates this as *Out with it*. Schevill explains that "la" stands for "causa"—referring to Finea's previous line "Hame dado causa" (264).

CELIA | Fuése. *[Éntrese Rufino]*

NISE
No tienes razón;
380 sufrir y aprender conviene.

FINEA
Pues las letras que allí están,
¿yo no las aprendo bien?
Vengo cuando dice *ven*,
y voy cuando dice *van*.
¿Qué quiere, Nise, el maestro,
quebrándome la cabeza
con *ban*, *bin*, *bon*?

CELIA
[*Aparte*]   (Ella es 'pieza
de rey.°)   buffoon

NISE
Quiere el padre nuestro
que aprendamos.

FINEA
Ya yo sé
el Padre Nuestro.[18]

390 NISE
No digo,
sino el nuestro, y el castigo
por darte memoria fue.[19]

FINEA
Póngame un hilo en el dedo,
y no aquel palo en la palma.[20]

CELIA
Mas que se te sale el alma,
si lo sabe...[21]

FINEA
Muerta quedo.
¡O Celia! no se lo digas,

---

[18] **Ya yo...** *I already know the* Pater noster. Finea misunderstands Nise's statement **Quiere el...** *Our father wants us to learn,* to mean *He wants us to learn the* Pater noster. The *Pater noster* is also known as the Lord's Prayer, and is found in Matthew 6: 9-13.

[19] Refers to the corporal punishment that she received from the teacher.

[20] **Póngame un . . .** *let him put a thread around my finger, and not that stick on my hand.* Finea is accustomed to tying a thread around her finger to remind her of things.

[21] **Mas que...** Oliver's translation reads *If your father ever found out about this, you might just as well give up the ghost!*

y verás qué te daré.

Salga Clara, criada

CLARA   [*A Finea*] Topé contigo, 'a la fe.°   my goodness!

400 NISE   Ya, Celia, las dos amigas
             se han juntado.

CELIA   A nadie quiere
             más en todas las criadas.

CLARA   ¡Dame albricias,° tan bien dadas,   reward for good news
             como el suceso requiere!

FINEA   Pues ¿de qué son?

CLARA   Ya parió°   gave birth
             nuestra gata la romana.

FINEA   ¿Cierto, cierto?

CLARA   Esta mañana.

FINEA   ¿Parió en el tejado?°   roof

CLARA   No.

FINEA   Pues ¿dónde?

CLARA   En el aposento;°   room
410   que cierto se echó de ver
             su entendimiento.

FINEA   Es mujer
             notable.

CLARA   Escucha un momento.
             Salía por donde suele
             el sol, muy galán y rico,
             con la librea° del rey,   ceremonial uniform
             colorado y amarillo;²²
             andaban los carretones°   small carts

---

²² These are the colors of the Castilian royal coat of arms and of today's
Spanish flag.

quitándole el romadizo[23]
que da la noche a Madrid.
₄₂₀ Aunque no sé quién me dijo
que era la calle Mayor
el soldado más antiguo,
pues nunca el mayor de Flandes
presentó tantos servicios.[24]
Pregonaban° 'agua ardiente,°   hawked, brandy
—agua bisnieta del vino—,
los hombres carnestolendas,[25]
todos naranjas y gritos.
Dormían las 'rentas grandes,°   aristocrats
₄₃₀ despertaban los oficios,°   tradespeople
tocaban los boticarios
sus almireces a pino,[26]
cuando la gata de casa
comenzó con mil suspiros
a decir: ¡Ay, ay, ay, ay,
que quiero parir, marido!
Levantóse Hociquimocho,[27]
y fue corriendo a decirlo
a sus parientes y deudos,°   distant relatives
₄₄₀ que deben de ser moriscos,°   descendents of Moors
porque el lenguaje que hablaban
en tiple° de monacillos,°   soprano, altar boys
si no es jerigonza° entrellos,   jargon
no es español, ni latino.
Vino una gata viuda,
con blanco y negro vestido,
—sospecho que era su agüela—,°   =abuela

---

[23] **Romadizo** literally refers to the congestion associated with the common cold, but is here used figuratively to mean the garbage on the streets.
[24] This is a play on words: just as an old soldier has many **servicios** (military merits), la calle Mayor has many **servicios** (chamber pots, whose contents were thrown out the window each morning). A **mayor de Flandes** is a Flemish army captain.
[25] These were the men who cleaned up the meat scraps during the night. There is also a play on words with **canestolendas**=carnival (Aguilar 37).
[26] **Tocaban los…** *"the apothecaries clanged their brass mortars"* (Schevill 272).
[27] From **hocico**, meaning *snout*, and **mocho**, meaning *cut off*. Oliver's ingenious translation is *Lopnose* (29).

gorda, y compuesta de hocico;
y si lo que arrastra honra,[28]

450

como dicen los antiguos,
tan honrada es por la cola
como otros por sus oficios.
Trújole° cierta manteca,   =le trajo
desayunóse, y previno
en que recebir° el parto;   =recibir
hubo temerarios gritos;
no es burla, parió seis gatos
tan remendados° y lindos,   calico
que pudieran, a ser pías,°   piebald horses

460

llevar el coche más rico.[29]
Regocijados bajaron
de los tejados vecinos,
caballetes° y terrados,°   roof peaks, balconies
todos los deudos y amigos:
Lamicola, Arañizaldo,
Marfuz, Marramao, Micilo,
Tumbahollín, Mico, Miturrio,
Rabicorto, Zapaquildo;[30]
unos vestidos de pardo,°   brown

470

otros de blanco vestidos,
y otros con 'forros de martas,°   sable coats
en cueras° y capotillos.°   leather coats, capes
De negro vino a la fiesta
el gallardo Golosino,°   glutton
luto° que mostraba entonces   mourning
de su padre, el gaticidio.°   "caticide"
Cual la morcilla° presenta,   blood sausage
cual el pez, cual el cabrito,
cual el gorrión° astuto,   sparrow

480

cual el simple palomino.°   small pigeon

---

[28] This was a popular saying that refers to the long robes of nobility and the clergy (Schevill 273).

[29] **Que pudieran...** *that they could, if they were piebald horses, pull the richest carriage*

[30] **Lamicola, Arañizaldo...** *Tail-licker, Spidery, Tricky, No-Meow, Southpaw, Smokey, Monkey, Bird-Chaser, Short-Tail, Toadie* (these are of course rough approximations, and some outright guesses on my part).

Trazando° quedan agora,   planning
para mayor regocijo,
en el 'gatesco senado,°   feline assembly
correr gansos cinco a cinco.[31]
Ven presto; que si los oyes,
dirás que parecen niños,
y darás a la parida
el parabién° de los hijos.   congratulations

FINEA No me pudieras contar
490   cosa para el gusto mío
     de mayor contentamiento.

CLARA Camina.

FINEA   Tras ti camino.

Éntrense Finea y Clara

NISE   ¿Hay locura semejante?

CELIA ¿Y Clara es boba también?

NISE   Por eso la quiere bien.

CELIA La semejanza es bastante;
     aunque yo pienso que Clara
     es mas bellaca° que boba.   sly

NISE   Con esto la engaña y roba.

Salgan Duardo, Feniso, Laurencio, caballeros

500 DUARDO Aquí como estrella clara
     a su hermosura nos guía.

FENISO Y aun es del sol su luz pura.

LAURENCIO ¡O reina de la hermosura!

DUARDO ¡O Nise!

FENISO   ¡O señora mía!

---

[31] "A popular sport in which a goose was tied to a rope in the middle of the street; those who ran by tried to wring its neck" (Hesse 274).

NISE   Caballeros…

LAURENCIO   Esta vez,
                por vuestro ingenio gallardo,
                de un soneto de Duardo
                os hemos de hacer juez.

NISE   ¿A mí, que soy de Finea
                hermana y sangre?

510 LAURENCIO   A vos sola,
                que sois Sibila española,
                no cumana, ni eritrea,[32]
                a vos, por quien ya las Gracias
                son cuatro y las Musas diez,[33]
                es justo haceros juez.

NISE   Si ignorancias, si desgracias
                trujérades° a juzgar,   =trajerais
                era justa la elección.

FENISO   Vuestra rara discreción,
520   imposible de alabar,
                fue justamente elegida;
                oíd, señora, a Eduardo.°   =Duardo

NISE   Vaya el soneto; ya aguardo,
                aunque de indigna corrida.°   ashamed

DUARDO   La 'calidad elementar° resiste   elemental quality
                mi amor que a la virtud celeste aspira,
                y en las mentes angélicas se mira,
                donde la idea del calor consiste.
                No ya como elemento el fuego viste
530   el alma cuyo vuelo al sol admira;
                que de inferiores mundos se retira,

---

[32] A **Sibila** or *sibyl* in Greco-Roman mythology was a prophetess who spoke her prophecies in verse. The two most famous were from Cumæ and Erythrae.

[33] According to Greco-Roman mythology, there are three Graces: Beauty, Mirth, and Good Cheer. There are also nine Muses who inspire the various art forms. Laurencio, by increasing the number for each group, is saying that Nise is both a Grace and a Muse.

adonde el serafín° ardiendo asiste.   seraphim
No puede elementar fuego abrasarme.°   burn me
La virtud celestial que vivifica,
envidia el verme a la suprema° alzarme;   = *virtud* suprema
que donde el fuego angélico me aplica,
¿cómo podrá mortal poder tocarme,
que eterno y sin contradicción implica?[34]

NISE   Ni una palabra entendí.

540 DUARDO   Pues en parte se leyera,
que más de alguno dijera
por arrogancia:—Yo sí.
La intención, o el argumento,
es pintar a quien ya llega
libre del amor, que ciega
con luz del entendimiento,
a la alta contemplación
de aquel puro amor sin fin,
donde es fuego al serafín.

550 NISE   Argumento y intención
queda entendido.

LAURENCIO   ¡Profundos
conceptos!

---

[34] This rather difficult sonnet is based on the Neo-Platonic philosophy of
the Italian humanist Pico della Mirandola (1463-94). Lope later republished
the poem in his other works *La Filomena* and *La Circe*. Here is Oliver's
English rendition:

My love resists the elemental heat
and aspires to the azure virture,
seeing its image in angelic minds,
where the very concept of heat exists,
Fire, no longer an element,
garbs the soul whose flight the sun admires;
the soul in flight retreats from lesser worlds
to where the seraphim ardently assist.
Elemental flame no longer burns me!
Life-giving and celestial, virtue
envies seeing me reach the heights supreme!
For there, enveloped in angelic flame,
can mortal power touch me,
who eternal and incontrovertible, resist? (33)

FENISO	Mucho la° esconden.

=la *intención*

DUARDO   Tres fuegos que corresponden,
hermosa Nise, a tres mundos,
dan fundamento a los otros.

NISE   Bien los podéis declarar.

DUARDO   Calidad elementar
es el calor en nosotros;
la celestial es virtud
560   que calienta y que recrea,
y la angélica es la idea
del calor.

NISE   Con inquietud°
escucho lo que no entiendo.

uneasiness

DUARDO   El elemento en nosotros
es fuego.

NISE   ¿Entendéis vosotros?

DUARDO   El puro sol que estáis viendo
en el cielo fuego es,
y fuego el entendimiento
seráfico;° pero siento
570   que así difieren los tres;
que el que elementar se llama,
abrasa cuando se aplica;
el celeste vivifica,
y el sobreceleste ama.

seraphic

NISE   'No discurras,° por tu vida;
vete a escuelas.°

stop talking
a university

DUARDO   Donde estás,
lo son.

NISE   Yo no escucho más,
de no entenderte corrida.
Escribe fácil…

DUARDO   Platón,°

Plato

580   a lo que en cosas divinas
            escribió, puso cortinas;
            que tales, como éstas, son
            matemáticas figuras
            y enigmas.

NISE   Oye, Laurencio.

FENISO   [a *Duardo*] Ella os ha puesto silencio.

DUARDO   Temió las cosas escuras.

FENISO   Es mujer.

DUARDO   La claridad
            a todos es agradable,
            que se escriba, o que se hable.

Nise a Laurencio, aparte

590 NISE   ¿Cómo va de voluntad?

LAURENCIO Como quien la tiene en ti.

NISE   Yo te la pago muy bien.
            No traigas contigo quien
            me eclipse el hablarte ansí.[35]

LAURENCIO Yo, señora, no me atrevo
            por mi humildad a tus ojos;
            que dando en viles despojos
            se afrenta el rayo de Febo;[36]
            pero, si quieres pasar
600   al alma, hallarásla rica
            de la fe que amor publica.

NISE   Un papel te quiero dar;
            pero ¿cómo podrá ser,
            que déstos visto no sea?

LAURENCIO Si en lo que el alma desea

---

[35] **No traigas…** *do not bring with you someone who gets in the way of my talking to you in this manner*

[36] Febo *Phoebus*, the sun god in Greco-Roman mythology, so Laurencio is alluding to the sun.

me quieres favorecer,
mano y papel podré aquí
asir° juntos atrevido,   take hold of
como finjas que has caído.[37]

NISE   ¡Jesús! [*cae*]

LAURENCIO   ¿Qué es eso?

610 NISE   Caí.

LAURENCIO   Con las obras respondiste.

NISE   Ésas responden mejor;
               que no hay sin obras amor.

LAURENCIO   Amor en obras consiste.

NISE   Laurencio mío, 'a Dios queda.°   =adiós
               Duardo y Feniso, adiós.

DUARDO   Y tanta ventura a vos,
               como hermosura os conceda.[38]

Éntrense Nise y Celia

               ¿Qué os ha dicho del soneto
               Nise?

620 LAURENCIO   Que es muy estremado.

DUARDO   Habréis los dos murmurado;
               que hacéis versos en efeto.   =efecto

LAURENCIO   Ya no es menester hacellos
               para saber murmurallos;
               que se atreve a censurallos,
               quien no se atreve a entendellos.

FENISO   Los dos tenemos qué hacer;
               licencia° nos podéis dar.   permission

---

[37] It is common in Golden Age literature for a woman to pretend to accidentally fall in order for a man to be able to take her hand, which otherwise would have been considered inappropriate.

[38] **Y tanta...** *and may [God] grant you as much good fortune as he has beauty*

DUARDO	Las leyes de no estorbar°	hinder
630	queremos obedecer.[39]	

LAURENCIO Malicia° es ésa.   malice

FENISO   No es tal.
La divina Nise es vuestra,
o, por lo menos, lo muestra.

LAURENCIO Pudiera, a tener igual.

Despídanse, y quede solo Laurencio.

LAURENCIO Hermoso sois, sin duda, pensamiento,
y aunque honesto también, con ser hermoso,
si es calidad del bien ser provechoso,
una parte de tres que os falta siento.[40]
Nise, con un divino entendimiento,
os° enriquece de un amor dichoso;   =pensamiento
mas sois de dueño pobre,[41] y es forzoso,°   necessary
que en la necesidad falte° el contento.   be lacking
Si el oro es blanco° y centro del descanso,   target
y el descanso del gusto, yo os prometo,
que tarda el navegar con viento manso. [42]
Pensamiento, mudemos de sujeto;
si voy necio tras vos, y en ir me canso,
cuando vengáis tras mí, seréis discreto.[43]

640

Entre Pedro, lacayo de Laurencio

PEDRO   ¡Qué necio andaba en buscarte

---

[39] Duardo implies that he does not want to get in the way of Laurencio's courtship of Nise.

[40] **Hermoso sois…** This is an apostrophe to his thoughts: *Thought, you are beautiful without a doubt, but although you are also honest, I fear you lack a third quality: profitability*

[41] **Sois de…** *you (pensamiento) belong to a poor owner*

[42] **Si el…** *If gold is the target and bulls eye (i.e. basis) of comfort, and comfort (is the target and bulls eye) of pleasure, I can assure you that we are sailing slowly with a gentle wind in our sails.* In other words, he is not on track with his goal of wealth and comfort because he is courting the poorer of the two sisters.

[43] **Pensamiento, mudemos…** *Thought, let's change the object of our affections; if I've been foolishly following you (thought), and getting tired in the process, when you follow me, you will get wiser*

650   fuera de aqueste° lugar !   =este

LAURENCIO   Bien me pudieras hallar
            con el alma° en otra parte.   soul

PEDRO   Luego ¿estás sin ella° aquí?   =alma

LAURENCIO   Ha podido un pensamiento
            reducir su movimiento
            desde mí, fuera de mí.
            ¿No has visto que la saeta°   hand (of a clock)
            del reloj en un lugar
            firme siempre suele estar,
660   aunque nunca está quieta,°   still
            y tal vez está en la una,
            y luego en las dos está?
            Pues así mi alma ya,
            sin hacer mudanza alguna
            de la casa en que me ves,
            desde Nise que ha querido
            a las doce se ha subido,
            que es número de interés.

PEDRO   ¿Pues cómo es esa mudanza?

670 LAURENCIO Como la saeta soy,
            que desde la una voy
            por lo que el círculo alcanza.
            Señalaba a Nise.

PEDRO   Sí.

LAURENCIO   Pues ya señaló en Finea.[44]

PEDRO   ¿Eso quieres que te crea?

LAURENCIO   ¿Por qué no, si hay causa?

PEDRO   Di.

LAURENCIO   Nise es una sola hermosa,

---

[44] Laurencio is explaining how his romantic interest in Nise has moved imperceptibly, like a clock hand, to Finea.

	Finea las doce son:[45]	
	hora de más bendición,	
680	más descansada y copiosa.	
	En las doce el oficial°	craftsman
	descansa, y bástale ser	
	hora entonces de comer	
	tan precisa y natural.	
	Quiero decir que Finea	
	hora de sustento es,	
	cuyo descanso ya ves	
	cuanto el hombre le desea.	
	Denme pues las doce a mí,	
690	que soy pobre, con mujer,	
	que dándome de comer,	
	es la mejor para mí.	
	Nise es hora infortunada,	
	donde mi planeta airado°	angry
	de sextil y de cuadrado[46]	
	me mira con 'frente armada.°	threatening aspect
	Finea es hora dichosa,	
	donde Júpiter benigno	
	me está mirando de trino,	
700	con aspecto y faz hermosa.	
	Doyme a entender, que poniendo	
	en Finea mis cuidados,°	desires
	a cuarenta mil ducados	
	las manos voy previniendo.°	expecting
	Ésta, Pedro, desde hoy	
	ha de ser empresa mía.	
PEDRO	Para aprobar tu osadía,°	boldness

---

[45] Laurencio continues his clock metaphor, comparing Finea to the noon lunch hour.

[46] **Donde mi...** Continuing the clock metaphor, Nise's hour is a time when Laurencio's planets do not align in such a way as to give him good luck. **De sextil** means that the planets are 60 degrees apart, **de cuadrado** means that they are 90 degrees apart, both of which were considered bad omens when it came to love. A few lines later, Laurencio says that during Finea's hour, the planets are **de trino**, which means that they are 120 degrees apart. This was considered the most favorable omen for romantic relationships (Marín 91).

en una sospecha estoy.

LAURENCIO ¿Cuál?

PEDRO   Que te has de arrepentir
710   por ser simple esta mujer.

LAURENCIO ¿Quién has visto de comer,
            de descansar y vestir
            arrepentido jamás?
            Pues esto viene con ella.

PEDRO   ¿A Nise discreta y bella,
            Laurencio, dejar podrás
            por una boba inorante?°   =ignorante

LAURENCIO ¡Qué inorante majadero!°   fool
            ¿No ves que el sol del dinero
720   va del ingenio adelante?[47]
            El que es pobre, ese es tenido
            por simple, el rico por sabio.
            No hay en el nacer agravio,
            por notable que haya sido,
            que el dinero no le encubra;
            ni hay falta en naturaleza,
            que con la mucha pobreza
            no se aumente y se descubra.
            Desde hoy quiero enamorar°   woo
            a Finea.

730 PEDRO   He sospechado
            que a un ingenio tan cerrado,
            no hay puerta por donde entrar.

LAURENCIO Yo sé cuál.

PEDRO   Yo no, por Dios.

LAURENCIO Clara, su boba criada.

PEDRO   Sospecho que es más taimada°   sly
            que boba.

---

[47] **¿No ves...** *Do you not see that money outshines wit?*

LAURENCIO   Demos los dos
en enamorarlas.

PEDRO   Creo
que Clara será tercera°   go-between
más fácil.

LAURENCIO   Desa manera,
740   seguro va mi deseo.

Salgan Finea y Clara

PEDRO   Ellas vienen; disimula.

LAURENCIO   Si puede ser en mi mano.

PEDRO   ¡Que ha de poder un cristiano
enamorar una mula!

LAURENCIO   Linda cara y talle tiene.

PEDRO   ¡Así fuera el alma!

LAURENCIO   Agora
conozco, hermosa señora,
que no solamente viene
el sol de las orientales°   eastern
750   partes, pues de vuestros ojos
sale con rayos más rojos,
y luces piramidales.[48]
Pero si, cuando salís,
tan grande fuerza traéis,
al mediodía ¿que haréis?

FINEA   Comer, como vos decís,
no pirámides ni peros,
sino cosas provechosas.[49]

---

[48] **Pues de…** *from your eyes the sun rises with redder and more pyramidal lights* (than it does when it rises in the east). Marín explains that when light passes through a crystal shaped like a pyramid, it can sometimes burn things (93). It is common in Golden Age literature for a man to woo a woman by comparing her eyes to the sun.

[49] **Comer, como . . .** *Eat, as you say, but not pyramids or "buts," but rather wholesome things.* Finea has misunderstood Laurencio's flattering.

LAURENCIO   Esas estrellas hermosas,
760   esos 'nocturnos luceros°   nocturnal lights
                me tienen fuera de mí.

FINEA   Si vos andáis con estrellas,
               ¿qué mucho que os traigan ellas
               arromadizado° ansí?°   congested, =**así**
               Acostaos siempre temprano,
               y dormid con tocador.°   cap

LAURENCIO   ¿No entendéis que os tengo amor
                puro, honesto, limpio y llano?

FINEA   ¿Qué es amor?

LAURENCIO   ¿Amor? Deseo.

FINEA   ¿De qué?

770 LAURENCIO   De una cosa hermosa.[50]

FINEA   ¿Es oro? ¿es diamante? ¿es cosa
               déstas que muy lindas veo?

LAURENCIO   No, sino de la hermosura
                de una mujer como vos,
                que, como lo ordena Dios,
                para buen fin se procura;
                y ésta,° que vos la tenéis,   ≠**la hermosura**
                engendra° deseo en mí.   causes

FINEA   Y yo ¿qué he de hacer aquí,
780   si sé que vos me queréis?

LAURENCIO   Quererme. ¿No habéis oído
                que amor con amor se paga?

FINEA   No sé yo cómo se haga,
               porque nunca yo he querido,
               ni en la cartilla lo vi,

---

[50] Laurencio defines love as the desire of beauty in accordance with the Neo-Platonic thinking that was popular in the Golden Age thanks to León Hebreo's work *Diálogos de amor*.

ni me lo enseñó mi madre. [51]
Preguntarélo a mi padre…

LAURENCIO Esperaos, que no es ansí.

FINEA ¿Pues cómo?

LAURENCIO   Déstos mis ojos
790 saldrán unos rayos vivos,
como espíritus visivos,°   seeing
de sangre y de fuego rojos,
que se entrarán por los vuestros.

FINEA No, señor; arriedro vaya[52]
cosa en que espíritus haya.

LAURENCIO Son los espíritus nuestros,
que juntos se han de encender,
y causan un dulce fuego,
con que se pierde el sosiego, °   calm
800 hasta que se viene a ver
el alma en la posición,
que es el fin del casamiento;[53]
que con este santo intento
justos los amores son,
porque el alma que yo tengo
a vuestro pecho se pasa.

FINEA ¿Tanto pasa quien se casa?

PEDRO [a Clara] Con él, como os digo, vengo
tan muerto por vuestro amor,
810 que aquesta ocasión busqué,

---

[51] **No sé** . . . *I do not know how it (love) is done because I have never loved, nor have I ever seen it in my lesson book, nor did my mother teach it to me*

[52] **Arriedro vaya** *do not let near me*… The phrase comes from the Latin *Vade retro*, which Jesus uses in the Vulgate to tell Satan to leave (Marín 95). Finea is expressing her fear of **espíritus** (*ghosts*), which she misunderstands Laurencio to be talking about when he mentions the amorous union of their two spirits.

[53] **Son los**… *These spirits are ours… ! And once joined they will burn with a sweet flame that will deprive us of peace until our souls find their way to that enviable position which is the just repose of all marriages* (Oliver 45).

CLARA	¿Qué es amor? que no lo sé.
PEDRO	¿Amor? locura, furor.
CLARA	¿Pues loca tengo de estar?

PEDRO Es una dulce locura,
por quien la mayor cordura°   sanity
suelen los hombres trocar.°   exchange

CLARA Yo lo que mi ama hiciere,[54]
eso haré.

PEDRO   Ciencia es amor,
que el más rudo labrador°   field worker
820   a pocos cursos° la adquiere.   lessons
En comenzando a querer,
enferma la voluntad
de una dulce enfermedad.

CLARA No me la° mandes tener,   =la *enfermedad* (love)
que no he tenido en mi vida
sino solos sabañones.°   chilblain

FINEA Agrádanme las liciones.

LAURENCIO Tú verás, de mí querida,
cómo has de quererme aquí;
830   que es luz del entendimiento
amor.[55]

FINEA   Lo del casamiento
me cuadra.°   pleases

LAURENCIO   Y me importa a mí.

FINEA ¿Pues llevaráme a su casa,
y tendráme allá también?

LAURENCIO Sí, señora.

FINEA   Y ¿eso es bien?

---

[54] **Hiciere** is the future subjunctive of **hacer**.
[55] **Que es…** =**que el amor es luz del entendimiento**. The idea that love
enhances intelligence also comes form Neo-Platonism.

LAURENCIO Y muy justo en quien se casa.
                    Vuestro padre y vuestra madre
                    casados fueron ansí:
                    deso nacistes.[56]

FINEA ¿Yo?

LAURENCIO Sí.

840 FINEA Cuando se casó mi padre,
                    ¿no estaba yo allí tampoco?

LAURENCIO [*Aparte*] (¡Hay semejante ignorancia!
                    Sospecho que esta ganancia
                    camina a volverme loco.)

FINEA Mi padre pienso que viene.

LAURENCIO Pues voyme: acordaos de mí.

FINEA Que me place.°   pleases

Éntrese Laurencio

CLARA Fuése.

PEDRO Sí.
                    Y seguirle me conviene.
                    Tenedme en vuestra memoria.

Éntrese Pedro

CLARA Si os vais ¿cómo?

850 FINEA ¿Has visto, Clara,
                    lo que es amor? ¿Quién pensara
                    tal cosa?

CLARA No hay pepitoria°   stew
                    que tenga más menudencias°   ingredients
                    de manos, tripas y pies.

FINEA Mi padre, como lo ves,
                    anda en mil impertinencias.

---

[56] **Nacistes** is a variant of the *vos* form still common in some dialects.

'Tratado me ha de casar°   =ha tratado de
con un caballero indiano,⁵⁷   casarme
sevillano o toledano.
860   Dos veces me vino a hablar,
y esta postrera° sacó   last time
de una carta un naipecito°   small card
muy repulido° y bonito,   shiny
y luego que le° miró,   =el *naipecito*
me dijo: "Toma, Finea;
ése es tu marido." Y fuése.
Yo como en fin no supiese
esto de casar qué sea,
tomé el 'negro del marido,°   damn husband
870   que no tiene más de cara,
cuera y ropilla;⁵⁸ mas, Clara,
¿qué importa que sea pulido°   good-looking
este marido, o quien es,
si todo el cuerpo no pasa
de la pretina?° Que en casa   belt
ninguno sin piernas ves.

CLARA   Pardiez,° que tienes razón.   =por Dios
¿Tiénesle° ahí?   =lo tienes (el retrato)

FINEA   Vesle aquí. [*Saca un retrato*]

CLARA   ¡Buena cara y cuerpo!

FINEA   Sí.
880   Mas no pasa del jubón.°   jacket

CLARA   Luego éste no podrá andar.
¡Ay, los ojitos que tiene!

FINEA   Señor° con Nise…   =Otavio

CLARA   ¿Si viene
a casarte?

FINEA   No hay casar;

---

⁵⁷ **Indiano** refers to a Spaniard who has gone to the New World to make
his fortune and then returned to Spain.
⁵⁸ **Ropilla** is a short jacket with double sleeves that went over the jacket.

| | que 'éste que se va de aquí° | =Laurencio |
| | tiene piernas, tiene traza.° | body |

CLARA   Y más, que con perro caza;
                 que el mozo me muerde a mí.[59]

Entre Otavio con Nise

OTAVIO   Por la calle de Toledo
890   dicen que entró por la posta.

NISE   ¿Pues cómo no llega ya?

OTAVIO   Algo por dicha acomoda.
                 Temblando estoy de Finea.

NISE   Aquí está, señor, la novia.

OTAVIO   Hija, ¿no sabes?

NISE   No sabe;
                 que ésa es su desdicha toda.

OTAVIO   Ya está en Madrid tu marido.

FINEA   Siempre tu memoria es poca:
                 ¿no me le° diste en un naipe?   =el marido

900 OTAVIO   Ésa es la figura sola,
                 que estaba en él retratada;[60]
                 que lo vivo viene agora.

Celia entre

CELIA   Aquí está el señor Liseo,
                 apeado° de unas postas.   dismounted

OTAVIO   Mira, Finea, que estés
                 muy prudente, y muy señora.
                 Llegad sillas y almohadas.[61]

---

[59] **Que con…** *he hunts with a dog; the servant is nibbling at me*. Refers to Pedro.
[60] Although this reads **retratado** in the original, I follow Hesse in changing it to **retratada** to agree with **figura**.
[61] It was customary for men to sit on chairs and women to sit on pillows placed on a low platform (Schevill 287).

Salgan Liseo, Turín y criados

LISEO	Esta licencia se toma 'quien viene a ser hijo vuestro.°	=Liseo
910 OTAVIO	Y 'quien viene a darnos honra.°	=Liseo
LISEO	Agora señor, decidme; ¿quién es de las dos mi esposa?	
FINEA	Yo: ¿no lo ve?	
LISEO	Bien merezco los brazos.	
FINEA	¿Luego no importa?	
OTAVIO	Bien le puedes abrazar.	
FINEA	CLARA…	
CLARA	¿Señora?	
FINEA	Aun agora viene con piernas y pies.	
CLARA	Esto ¿es burla o jerigonza?°	hoax
FINEA 920	El verle de medio arriba me daba mayor congoja.°	anxiety
OTAVIO	Abrazad vuestra cuñada.	
LISEO	No fue la fama engañosa, que hablaba en vuestra hermosura.	
NISE	Soy muy vuestra servidora.	
LISEO	Lo que es el entendimiento, a toda España alborota.° La divina Nise os llaman; sois discreta como hermosa, y hermosa con mucho extremo.	stirs up
930 FINEA	¿Pues cómo requiebra° a esotra,° si viene a ser mi marido?	flirt, =esa otra

¿No es más necio?...

OTAVIO	Calla, loca.
	Sentaos, hijos, por mi vida.
LISEO	Turín...
TURÍN	¿Señor?
LISEO	Linda tonta.
OTAVIO	¿Cómo venís del camino?
LISEO	Con los deseos enoja;
	que siempre le hacen más largo.[62]

FINEA   Ese macho de la noria
           pudierais haber pedido,
940   que anda como una persona.[63]

NISE   Calla, hermana.

FINEA   Callad vos.

NISE   Aunque hermosa y virtuosa,
           es Finea deste humor.

LISEO   Turín, ¿trajiste las joyas?

TURÍN   No ha llegado nuestra gente.

LISEO   ¡Qué de olvidos se perdonan
           en un camino a criados!

FINEA   ¿Joyas traéis?

TURÍN   [*Aparte*]   (Y le sobra
                     de las joyas el principio,
950   tanto el *jo* se le acomoda.)[64]

---

[62] **Con los...** *when one has desires it* (**el camino**) *is bothersome; they* (**deseos**) *always make it* (**el camino**) *longer*

[63] **Ese macho...** *you could have borrowed the nag from the treadmill; it walks like a person.* Horses were often used to power mills that pumped water or ground flour.

[64] **Y le...** This is a play on words. **Jo**, besides being the first syllable in **joyas**, was a way of shouting at mules. Turín is saying that Finea, since she has more than enough **jo**, is a mule.

| OTAVIO | Calor traéis. ¿Queréis algo? |
| | ¿Qué os aflige? ¿Qué os congoja? |

| LISEO | Agua quisiera pedir. |

| OTAVIO | Haráos° mal el agua sola. | =os hará |
| | Traigan una caja. |

FINEA	A fe,
	que si como viene agora
	fuera el sábado pasado,
	que hicimos, yo y esa moza,
	un menudo…°	tripe soup

| OTAVIO | Calla, necia. |

960 | FINEA | Mucha especia,° linda cosa. | spice |

Entren con agua, toalla, salva° y una caja.   tray

| CELIA | El agua está aquí. |

| OTAVIO | Comed. |

LISEO	El verla, señor, provoca,
	porque con su risa dice
	que la beba, y que no coma.[65] [*Beba*]

| FINEA | Él bebe como una mula. |

| TURÍN | [*Aparte*] (Buen requiebro.) |

| OTAVIO | ¡Qué enfadosa° | irritating |
| | que estás hoy! Calla, si quieres. |

| FINEA | Aun no habéis dejado gota. |
| | Esperad: os limpiaré. |

| OTAVIO | Pues ¿tú le limpias? |

970 | FINEA | ¿Qué importa? |

| LISEO | [*Aparte*] (Media barba me ha quitado; |
| | lindamente me enamora.) |

---

[65] **El verla…** *the sight of it* (**el agua**) *provokes me because with its laughter (i.e. sparkle) it tells me to drink it and not eat (from the candied fruit that was offered)*

OTAVIO	Que descanséis es razón.	
	Quiero, pues no 'se reporta,°	behave herself
	llevarle de aquí a Finea.	
LISEO	[*Aparte*] (Tarde el descanso se cobra,	
	que en tal desdicha se pierde.)	
OTAVIO	Ahora bien: entrad vosotras,	
	y aderezad° su aposento.	make ready
980 FINEA	Mi cama pienso que sobra	
	para los dos.	
NISE	¿Tú no ves	
	que no están hechas las bodas?	
FINEA	Pues ¿qué importa?	
NISE	Ven conmigo.	
FINEA	¿Allá dentro?	
NISE	Sí.	
FINEA	Adiós. ¡Hola!⁶⁶	
LISEO	[*Aparte*] (Las del mar⁶⁷ de mi desdicha	
	me anegan° entre sus ondas.°)	drown, depths
OTAVIO	Yo también, hijo, me voy,	
	para prevenir las cosas,	
	que para que 'os desposéis°	
990	con más aplauso me tocan.⁶⁸	
	Dios os guarde.	
LISEO	[*Aparte*] (No sé yo	
	de qué manera disponga	
	mi desventura. ¡Ay de mí!)	

---

⁶⁶ **¡Hola!** was generally only used to get the attention of servants, so directing it to Liseo would have been socially inappropriate.

⁶⁷ **Las del…** is a play on words: Finea has just said **Hola**, but Liseo's **las** refers to **olas**=waves.

⁶⁸ **Que para…** =que me tocan para que os desposéis con más aplauso *that I must do so that you may marry with more applause*

Todos se van; queden Liseo y Turín.

TURÍN	¿Quieres quitarte las botas?°	boots

LISEO   No, Turín, sino la vida.
              ¿Hay boba tan espantosa?

TURÍN   Lástima me ha dado a mí
              considerando que ponga
              en un cuerpo tan hermoso

1000   el cielo un alma tan loca.

LISEO   Aunque estuviera casado
              por poder en causa propia
              me pudiera descasar.[69]
              La ley es llana° y notoria,°   plain, well-known
              pues concertando° mujer   promising
              con sentido,° me desposan   intelligence
              con una bestia del campo,
              con una 'villana tosca.°   course peasant

TURÍN   Luego ¿no te casarás?

1010 LISEO   '¡Mal haya° la hacienda toda   damn
              que con tal pensión° se adquiere,   price
              que con tal censo° se toma!   contract
              Demás° que aquesta mujer,   =además
              si bien es hermosa y moza,
              ¿qué puede parir de mí,
              sino tigres, leones y onzas?°   wildcats

TURÍN   Eso es engaño; que vemos
              por experiencias y historias
              mil hijos de padres sabios,

1020   que de necios los deshonran.[70]

LISEO   Verdad es que Cicerón
              tuvo a Marco Tulio en Roma,

---

[69] **Aunque estuviera…** *"Even if we were already married, I could have it annulled in self defense!"* (Oliver 59).

[70] **Que vemos…** *we see from experience and history a thousand sons of wise fathers, who, because of their (the sons') foolishness, dishonor them (the fathers)*

que era un caballo, un camello.[71]

TURÍN   De la misma suerte consta
            que de necios padres suele
            salir una fénix[72] sola.

LISEO   Turín, por lo general,
            y es consecuencia forzosa,
            lo semejante se engendra.°   reproduces itself
1030   Hoy la palabra se rompa,
            rásguense[73] cartas y firmas;
            que ningún tesoro compra
            la libertad. Aún, si fuera
            Nise…

TURÍN   ¡Oh qué bien te reportas!
            Dicen que si a un hombre airado,°   agitated
            que colérico° se arroja,   madly
            le pusiesen un espejo,
            en mirando en él la sombra
            que representa su cara,
1040   se tiempla° y desapasiona.   calms down
            Así tú, como tu gusto
            miraste en su hermana hermosa,
            —que el gusto es cara del alma,
            pues su libertad se nombra—
            luego templaste la tuya.

LISEO   Bien dices, porque ella sola
            el enojo de su padre,
            que, como ves, me alborota,°   worries
            me puede quitar, Turín.

1050 TURÍN ¿Que no hay que tratar de esotra?

LISEO   ¿Pues he de dejar la vida

---

[71] Cicerón is Cicero, the famous Roman orator. His son, Marcus Tullius, was famously not as brilliant as his father (Schevill 292).

[72] Fénix. *phoenix*. A phoenix is a mythological bird believed to be reborn from its own ashes after death.

[73] Although Schevill has **rásganse**, he acknowledges that the manuscript may read **rásguense**. Since context calls for the subjunctive, I follow all other editors in choosing the latter.

por la muerte temerosa,
y por la noche enlutada°   mournful
el sol que los cielos dora,
por los áspides° las aves,   asps
por las espinas las rosas,
y por un demonio un ángel?

TURÍN   Digo que razón te sobra:
             que no está el gusto en el oro;
1060   que son el oro y las horas
             muy diversas.°   different

LISEO   Desde aquí
             renuncio la dama boba.

             Fin del primer acto de LA DAMA BOBA

Segundo acto de
La dama boba

Personas del segundo acto

DUARDO	CLARA
LAURENCIO	FINEA
FENISO	PEDRO
LISEO	TURÍN
NISE	OTAVIO
CELIA	Un MAESTRO de danzar

Acto Segundo

Duardo, Laurencio, Feniso

FENISO
En fin ha pasado un mes,
y no se casa Liseo.

DUARDO
No siempre mueve el deseo
el codicioso interés.[1]

LAURENCIO
De Nise la enfermedad[2]
ha sido causa bastante.

the sickness of Nise

FENISO
Ver a Finea ignorante
1070   templará° su voluntad.

will temper

LAURENCIO
Menos lo está que solía.[3]
Temo que amor ha de ser
artificioso° a encender
piedra tan helada y fría.

Finea is less ignorant than before   *skilful*

DUARDO
Tales milagros ha hecho
en gente rústica° amor.

course

---

[1] **No siempre…** =El codicioso interés no siempre mueve el deseo
[2] **De Nise…** =La enfermedad de Nise.
[3] **Menos lo está…** *(Finea) is less (ignorant) than she used to be*

FENISO   No se tendrá por menor°   =menor *milagro*
                  dar alma a su rudo pecho.

LAURENCIO   Amor, señores, ha sido
1080   aquel ingenio profundo,
                  que llaman alma del mundo,
                  y es el dotor° que ha tenido   =doctor
                  la cátreda[4] de las ciencias,
                  porque sólo con amor
                  aprende el hombre mejor
                  sus divinas diferencias.
                  Así lo sintió Platón;
                  esto Aristóteles dijo,   Aristotle
                  que como del cielo es hijo,
1090   es todo contemplación.[5]
                  Della nació el admirarse,
                  y de admirarse nació
                  el filosofar que dio
                  luz con que pudo fundarse
                  toda ciencia artificial.[6]
                  Y a amor se ha de agradecer
                  que el deseo de saber
                  es al hombre natural.
                  Amor con fuerza suave
1100   dio al hombre el saber sentir,
                  dio leyes para vivir,
                  político,° honesto y grave.°   courteous, respectable
                  Amor repúblicas hizo;
                  que la concordia° nació   harmony
                  de amor, con que a ser volvió

---

[4] **Cátreda=cátedra**. *professorship*. This is an example of metathesis (see
"Aspects of Language" in the Introduction).
[5] The autograph manuscript has the following three lines come after this
one: "El deseo de saber, / que es al hombre natural, / enseña con fuerza
igual." Since they are scratched out in the manuscript, all modern editions
leave them out.
[6] **Así lo…** *thus Plato believed it to be; and Aristotle said this: since it (love) is the son
of heaven, it is all contemplation. From it (contemplation) was born admiration, and
from admiration was born philosophizing, which provided the light by which all human
knowledge could be founded*

lo que la guerra deshizo.[7]
Amor dio lengua a las aves,
vistió la tierra de frutos,
y como 'prados enjutos,°   dry meadows,
1110   rompió el mar con fuertes naves.[8] ships
Amor enseñó a escribir
altos y dulces concetos,
como de su causa efetos;[9]
amor enseñó a vestir
al más rudo, al más grosero;
de la elegancia fue amor
el maestro, el inventor
fue de los versos primero;
la música se le debe,
1120   y la pintura; pues, ¿quién
dejara de saber bien,
como sus efetos pruebe?[10]
No dudo de que a Finea,
como ella comience a amar,
la deje amor de enseñar,
por imposible que sea.

FENISO   Está bien pensado ansí,
y su padre lleva intento
por dicha en el casamiento
que ame y sepa.

1130 DUARDO   Y yo de aquí,
infamando amores locos,
en limpio vengo a sacar,
que pocos deben de amar
en lugar que saben pocos.[11]

---

[7] **Con que...** *by which was restored that which war destroyed*
[8] y como prados... *"Through love strong ships conquered the sea / as though a dried field it might be"* (Oppenheimer 34).
[9] **como de...** =como los efectos de su causa *like the effects that it causes*
[10] ¿**Quién dejara...** *who would not be wise after experiencing love's effect on him?* As most editors point out, this entire discussion of love's power goes back to the Roman poet Ovid, who laid out these ideas in his *Ars amatoria* (*Art of Love*).
[11] **Y yo...** *"But I proclaim, deriding ludicrous love affairs, that none should love where naught is known"* (Oliver 67).

FENISO   ¡Linda malicia!

LAURENCIO   Extremada.

FENISO   Difícil cosa es saber.

LAURENCIO   Sí; pero fácil creer
              que sabe el que poco o nada.

FENISO   ¡Qué divino entendimiento
              tiene Nise!

1140 DUARDO   Celestial.

FENISO   ¿Cómo, siendo necio el mal,°   illness
              ha tenido atrevimiento
              para hacerle estos agravios,
              de tal ingenio desprecios?°   contempt

LAURENCIO   Porque de sufrir a necios
              suelen enfermar los sabios.

DUARDO   Ella viene.

FENISO   Y con razón
              se alegra cuanto la mira.

Salgan Nise y Celia

NISE   [*a Celia*] Mucho la historia me admira.

1150 CELIA   Amores pienso que son,
              fundados en el dinero.

NISE   Nunca fundó su valor
              sobre dineros amor,
              que busca el alma primero.

DUARDO   Señora, a vuestra salud
              hoy cuantas cosas os ven
              dan alegre parabién,
              y tienen vida y quietud;
              que como vuestra virtud°   strength
1160   era el sol que se° la° dio,   =cosas, =la *virtud*
              mientras el mal le eclipsó,

también lo estuvieron ellas;[12]
que hasta ver vuestras estrellas
fortuna el tiempo corrió.[13]
Mas como la primavera
sale con pies de marfil,°   ivory
y el vario velo sutil
tiende en la verde ribera;[14]
corre el agua lisonjera,
1170   y están riñendo° las flores   arguing
sobre tomar las colores.[15]
Así vos salís, trocando
el triste tiempo, y sembrando
en campos de almas, amores.

FENISO   Ya se ríen estas fuentes,
y son perlas las que fueron
lágrimas, con que sintieron
esas estrellas ausentes;
y a las aves sus corrientes
1180   hacen instrumentos claros
con que quieren celebraros.
Todo se anticipa a veros,
y todo intenta ofreceros
con lo que puede alegraros.
Pues si con veros hacéis
tales efetos agora,
donde no hay alma, señora,
más de la° que vos ponéis,   =alma
en mí ¿qué muestras haréis,
1190   qué señales de alegría
este venturoso día,
después de tantos enojos,
siendo vos sol de mis ojos,
siendo vos alma en la mía?°   =mi *alma*

---

[12] **Mientras el…** *while the illness eclipsed it (your strength), they (all things) were also eclipsed*
[13] **Que hasta…** *until it saw your stars (i.e. eyes) the weather was stormy.* **Fortuna** was sometimes used in the Golden Age to mean *storm.*
[14] **El vario…** *it (springtime) spreads its subtle and varied veil upon the verdant banks*
[15] **Colores** could be feminine or masculine in the Golden Age.

LAURENCIO	A estar sin vida llegué
	el tiempo que no os serví;
	que fue lo más que sentí,° regretted
	aunque sin mi culpa fue.
	Yo vuestros males pasé,
1200	como cuerpo que animáis;° you give life to
	vos movimiento me dais;
	yo soy instrumento vuestro,
	que en mi vida y salud muestro
	todo lo que vos pasáis.
	Parabién me den a mí
	de la salud que hay en vos,
	pues que pasamos los dos
	el mismo mal en que os vi;
	solamente os ofendí,
1210	aunque la disculpa os muestro,
	en que este mal que fue nuestro,
	solo tenerle debía,
	no vos,[16] que sois alma mía;
	yo sí, que soy cuerpo vuestro.
NISE	Pienso que de oposición
	me dais los tres parabién.
LAURENCIO	Y es bien, pues lo sois por quien
	viven los que vuestros son.[17]
NISE	Divertíos, por mi vida,
1220	cortándome algunas flores
	los dos, pues con sus colores
	la diferencia° os convida, diversity
	deste jardín,[18] porque quiero
	hablar a Laurencio un poco.
DUARDO	Quien ama y sufre, o es loco,
	o necio.

---

[16] **Solamente os...** *I only offended you, although I now apologize, in that I alone should have had this illness that was ours, not you*

[17] **Y es...** *it is well, because you are the wellbeing by which we who are yours live*

[18] **Divertíos, por...** *upon my life, amuse yourselves the two of you by cutting me some flowers from this garden, since their diversity invites you.* I follow Marín in adding a comma after **convida**, which then makes **desta jardín** link to **flores**.

FENISO   Tal premio espero.

DUARDO   No son vanos mis recelos.°   suspicions

FENISO   Ella le quiere.

DUARDO   Yo haré
                     un ramillete° de fe,   bouquet
1230   pero sembrado° de celos.°   sown, jealousy

Éntrense Feniso y Duardo

LAURENCIO   Ya se han ido. ¿Podré yo,
             Nise, con mis brazos darte
             parabién de tu salud?

NISE   Desvía,° fingido,° fácil,   move away, fake
             lisonjero°, engañador,   flatterer
             loco, inconstante, mudable
             hombre, que en un mes de ausencia,
             —que bien merece llamarse
             ausencia la enfermedad—
1240   el pensamiento mudaste.
             Pero mal dije en un mes,
             porque puedes disculparte
             con que creíste mi muerte,
             y si mi muerte pensaste,
             con gracioso sentimiento
             pagaste el amor que sabes,
             mudando el tuyo° en Finea.   =amor

LAURENCIO   ¿Qué dices?

NISE   Pero bien haces:
             tú eres pobre, tú discreto,
1250   ella rica y ignorante;
             buscaste lo que no tienes,
             y lo que tienes dejaste.
             Discreción tienes, y en mí
             la° que celebrabas antes   =la *discreción*
             dejas con mucha razón;
             que dos ingenios iguales
             no conocen superior.

Y ¿por dicha, imaginaste
que quisiera yo el imperio°   authority
1260   que a los hombres debe darse?
El oro que no tenías,
tenerle° solicitaste   =*el oro*
enamorando a Finea.

LAURENCIO   Escucha.

NISE   ¿Qué he de escucharte?

LAURENCIO   ¿Quién te ha dicho que yo he sido
en un mes tan inconstante?

NISE   ¿Parécete poco un mes?
Yo te disculpo, no hables;
que la luna está en el cielo
1270   sin intereses mortales,
y en un mes, y aun algo menos,
está creciente y menguante.[19]
Tú en la tierra, y de Madrid,
donde hay tantos vendavales°   strong winds
de intereses en los hombres,
no fue milagro mudarte.
Dile, Celia, lo que has visto.

CELIA   Ya, Laurencio, no te espantes,
de que Nise, mi señora,
1280   desta manera te trate.
Yo sé que has dicho a Finea
requiebros.

LAURENCIO   ¡Que me levantes,
Celia, tales testimonios!

CELIA   Tú sabes que son verdades;
y no sólo tú a mi dueño
ingratamente pagaste,
pero tu Pedro, el que tiene
de tus secretos las llaves,
ama a Clara tiernamente.°   tenderly

---

[19] **Está creciente...** *it waxes and wanes*

1290   ¿Quieres que más te declare?

LAURENCIO   Tus celos han sido, Celia,
              y quieres que yo los pague.
              ¿Pedro a Clara, aquella boba?

NISE   Laurencio, si le enseñaste,
              ¿por qué te afrentas° de aquello   take offense
              en que de ciego 'no caes?°   you do not see
              Astrólogo me pareces;
              que siempre de 'ajenos males,°   the misfortunes of
              sin reparar° en los suyos,   others; noticing
1300   largos pronósticos hacen.
              ¡Qué bien empleas tu ingenio!
              "De Nise confieso el talle,°   appearance
              mas no es sólo el exterior
              el que obliga a los que saben."
              ¡Oh quién os oyera juntos!
              Debéis de hablar en romances,
              porque un discreto y un necio
              no pueden ser consonantes.[20]
              ¡Ay, Laurencio, qué buen pago
1310   de fe y amor tan notable!
              Bien dicen, que a los amigos
              prueba la cama y la cárcel.
              Yo enfermé de mis tristezas,
              y de no verte ni hablarte,
              sangráronme[21] muchas veces.
              ¡Bien me alegraste la sangre!
              Por regalos tuyos tuve
              mudanzas, traiciones, fraudes,
              pero, pues tan duros fueron,
1320   di que me diste diamantes.

---

[20] **Debéis de…** *you two should speak in ballads because an intelligent person and a fool cannot go together.* This is a play on words. **Romances** are popular ballads made up of octosyllabic lines with *rima asonante* in every even line. **Consonante** refers to *rima consonante*, which contrasts with the assonance of **romances**, and also refers to the idea of two things going together naturally.

[21] **Sangráronme = me sangraron.** Bloodletting was one of the most common medical treatments in the seventeenth century.

Ahora bien: esto cesó.

LAURENCIO   Oye, aguarda.

NISE   ¿Que te aguarde?
            Pretende° tu rica boba,   court
            aunque yo haré que se case
            más presto que tú lo piensas.

LAURENCIO   Señora…

Entre Liseo, y asga° Laurencio a Nise   grabs

LISEO   [*Aparte*]   (Esperaba tarde
            los desengaños; mas ya
            no quiere amor que me engañe.)

NISE   ¡Suelta!

LAURENCIO   No quiero.

LISEO   ¿Qué es esto?

1330 NISE   Dice Laurencio que rasgue
            unos versos que me dio
            de cierta dama inorante,
            y yo digo que no quiero.

LAURENCIO   Tú podrá ser que lo alcances
            de Nise. Ruégalo tú.

LISEO   Si algo tengo que rogarte,
            haz algo por mis memorias,
            y rasga lo que tú sabes.

NISE   Dejadme los dos. [*Váyanse Nise y Celia*]

LAURENCIO   ¡Qué airada!

1340 LISEO   Yo me espanto que te trate
            con estos rigores Nise.

LAURENCIO   Pues, Liseo, no te espantes:
            que es defeto en los discretos
            'tal vez° el no ser afables.   =a veces

LISEO   ¿Tienes qué hacer?

LAURENCIO   Poco o nada.

LISEO   Pues vámonos esta tarde
                    por el Prado²² arriba.

LAURENCIO   Vamos
                    dondequiera que tú mandes.

LISEO   Detrás de los Recoletos²³
                    quiero hablarte.

1350 LAURENCIO   Si el hablarme
                    no es con las lenguas que dicen,
                    sino con lenguas que hacen,²⁴
                    aunque me espanto que sea,
                    dejaré caballo y pajes.²⁵

LISEO   Bien puedes. [*Éntrese*]

LAURENCIO   Yo voy tras ti.
                    ¡Qué celoso y qué arrogante!
                    Finea es boba, y, sin duda,
                    de haberle contado, nace,
                    mis amores y papeles.
1360   Ya para consejo es tarde;
                    que deudas y desafíos°   challenges
                    a que los honrados salen,
                    para trampas se dilatan,°   are delayed
                    y no es bien que se dilaten. [*Váyase*]

Salgan un Maestro de danzar, y Finea.

MAESTRO   ¿Tan presto se cansa?

FINEA   Sí.

---

²² El Prado was a popular place to go walking in Madrid. Today it is a world-famous art museum.
²³ **Los Recoletos** was a convent on the outskirts of town that was an ideal spot for dueling (Zamora Vicente 201).
²⁴ **Lenguas que…** is a metaphor for swords.
²⁵ Gentlemen normally went out on horseback and were accompanied by servants. By saying that he will not take them, Laurencio is recognizing that this is not a pleasurable outing, but rather a challenge to duel.

Y no quiero danzar más.

MAESTRO   Como no danza 'a compás,°   in time with the music
            hase enfadado de sí.

FINEA   ¡Por poco diera de hocicos
1370   saltando!²⁶ Enfadada vengo.
            ¿Soy yo urraca° que andar tengo   magpie
            por casa dando salticos?
            Un paso, otro contrapaso,°   backstep
            floretas,° otra floreta…   dance steps
            ¡Qué locura!

MAESTRO   [*Aparte*]   (¡Qué imperfeta
            cosa, en un hermoso vaso°   vessel
            poner la naturaleza
            licor de un alma tan ruda!
            Con que yo salgo de duda
1380   que no es alma la belleza.)

FINEA   Maestro…

MAESTRO   ¿Señora mía?

FINEA   Trae mañana un tamboril.°   small drum

MAESTRO   Ese es instrumento vil,
            aunque de mucha alegría.

FINEA   Que soy más aficionada
            al cascabel,° os confieso.   small bell

MAESTRO   Es muy de caballos eso.

FINEA   Haced vos lo que me agrada,
            que no es mucha rustiqueza°   rusticity
1390   el traellos° en los pies.   **cascabeles**
            Harto peor pienso que es
            traellos en la cabeza.

MAESTRO   [*Aparte*] (Quiero seguirle el humor.)
            Yo haré lo que me mandáis.

---

²⁶ **¡Por poco…** *I almost fell on my face with all this jumping!*

FINEA	Id danzando cuando os vais.
MAESTRO	Yo os agradezco el favor, pero llevaré tras mí mucha gente.
FINEA	Un pastelero,° un sastre,° y un zapatero° ¿llevan la gente tras sí?
MAESTRO	No: pero tampoco ellos por la calle haciendo van sus oficios.
FINEA	¿No podrán, si quieren?
MAESTRO	Podrán hacellos; y yo no quiero danzar.
FINEA	Pues no entréis aquí.
MAESTRO	No haré.
FINEA	Ni quiero andar en un pie, ni dar vueltas ni saltar.
MAESTRO	Ni yo enseñar las que sueñan disparates° atrevidos.
FINEA	No importa; que los maridos son los que mejor enseñan.
MAESTRO	¿Han visto la mentecata?°
FINEA	¿Qué es mentecata, villano?
MAESTRO	Señora, tened la mano.[27] Es una dama que trata con gravedad y rigor° a quien la sirve.
FINEA	¿Eso es?

1400 *(línea)*

pastry maker

tailor, shoemaker

1410 *(línea)*

nonsense

fool

harshness

---

[27] This implicit stage direction indicates that Finea has attacked her tutor
in some way.

| MAESTRO | 'Puesto que° vuelve después | =aunque |
| 1420 | con más blandura y amor. | |

FINEA   ¿Es eso cierto?

MAESTRO   '¿Pues no?°   of course

FINEA   Yo os juro, aunque nunca ingrata,
que no hay mayor mentecata
en todo el mundo que yo.

MAESTRO   El creer es cortesía:
adiós, que soy muy cortés.

Váyase, y entre Clara

CLARA   ¿Danzaste?

FINEA   ¿Ya no lo ves?
Persíguenme todo el día
con leer, con escribir,
1430   con danzar, y todo es nada;
sólo Laurencio me agrada.

CLARA   ¿Cómo te podré decir
una desgracia notable?

FINEA   Hablando; porque no hay cosa
de decir dificultosa
a mujer que viva y hable.

CLARA   Dormir en día de fiesta
¿es malo?

FINEA   Pienso que no;
aunque si Adán se durmió,
1440   buena costilla° le cuesta.   rib

CLARA   Pues si nació la mujer
de una dormida costilla,
que 'duerma no es maravilla.°   it is no wonder that she
                                                            sleeps

FINEA   Agora vengo a entender,
sólo con esa advertencia,

porque se andan tras nosotras
los hombres, y en unas y otras
hacen tanta diligencia;
que si aquesto no es asilla,° pretext
1450 deben de andar a buscar
su costilla, y no hay parar
hasta topar su costilla.

CLARA   Luego si para él que amó
un año y dos, harto° bien plenty
le dirán los que le ven,
que su costilla topó.

FINEA   A lo menos los casados.

CLARA   Sabia estás.

FINEA   Aprendo ya;
que me enseña amor quizá
1460 con liciones de cuidados.

CLARA   Volviendo al cuento, Laurencio
me dio un papel para ti.
Púseme a hilar.[28] ¡Ay de mí,
cuánto provoca el silencio!
Metí en el copo° el papel, cotton ball
y como hilaba al candil,
y es la estopa° tan sutil,° flax, flammable
aprendióse° el copo en él. caught fire
Cabezas hay disculpadas
1470 cuando duermen sin cojines,° pillows
y sueños como rocines,
que vienen con cabezadas.[29]
Apenas el copo ardió,
cuando, 'puesta en él de pies,° standing on it
'me chamusqué,° ya lo ves. I burned myself

FINEA   ¿Y el papel?

---

[28] **Púseme a…** *I started to spin thread*
[29] **Sueños como…** *dreams like nags that come with halters.* This is a play on the
dual meaning of **cabazada**: "a 'nod' of the head which accompanies *sueños*,
and a 'halter' or 'headstrap' which accompanies *rocines*" (Schevill 299).

CLARA	Libre quedó, como el santo de Pajares.[30] Sobraron estos renglones° en que hallarás más razones° 1480 que en mi cabeza aladares.°

                                          lines
                                          words
                                        locks of hair

FINEA   ¿Y no se podrán leer?

CLARA   Toma y lee.

FINEA   Yo sé poco.

CLARA   Dios libre de un fuego loco
                 la estopa de la mujer.

Entre Otavio

OTAVIO   Yo pienso que me canso en enseñarla,
                 porque es querer labrar con vidro°
                      un pórfido;°
                 ni el danzar ni el leer aprender puede,
                 aunque está menos ruda que solía.

                                          =vidrio
                                          jasper

FINEA   O padre mentecato y generoso,
                 bien seas venido!

1490 OTAVIO   ¿Cómo mentecato?

FINEA   Aquí el maestro de danzar me dijo
                 que era yo mentecata, y enojéme;
                 mas él me respondió que este vocablo
                 significaba una mujer que riñe,
                 y luego vuelve con amor notable;
                 y como vienes tú riñendo agora,
                 y has de mostrarme amor en breve rato,
                 quise también llamarte mentecato.

OTAVIO   Pues hija, no creáis a todas gentes,
1500   ni digáis ese nombre; que no es justo.

---

[30] **Santo de…** refers to the popular refrain "El milagro del santo de Pajares, que ardía él y no las pajas" (Zamora Vicente 207). Notice that Clara's allusion to the refrain is inappropriate: the saint is not **libre** like the **papel**.

FINEA   No lo haré más. Mas diga, señor padre,
                ¿sabe leer?

OTAVIO   ¿Pues eso me preguntas?

FINEA   Tome por vida suya, y éste lea.

OTAVIO   ¿Este papel?

FINEA   Sí, padre.

OTAVIO   Oye, Finea:

Lea ansí

        "Agradezco mucho la merced que me has
        hecho, aunque toda esta noche la he pasado
        con poco sosiego, pensando en tu hermosura."

FINEA   ¿No hay más?

OTAVIO   No hay más; que está muy justamente
        quemado lo demás. ¿Quién te le° ha dado?   =el *papel*

FINEA   Laurencio, aquel discreto caballero
        de la academia de mi hermana Nise,
        que dice que me quiere con extremo.

1510 OTAVIO   [*Aparte*] (De su ignorancia mi desdicha temo.
        Esto trujo a mi casa el ser discreta
        Nise, el galán, el músico, el poeta,
        el lindo, el que se precia de oloroso,
        el afeitado,[31] el loco, y el ocioso.)
        ¿Hate pasado más con éste, acaso?

FINEA   Ayer, en la escalera, al primer paso
        me dio un abrazo.

OTAVIO   [*Aparte*]   (¡En buenos pasos anda
        mi pobre honor por una y otra banda!°   edge
        La discreta con necios en concetos,
1520   y la boba en amores con discretos.
        A ésta no hay llevarla por castigo,

---

[31] An **afeitado** is a man that uses perfume and make-up.

Role of woman (margin annotation)

y más, que lo podrá entender su esposo.)
Hija, sabed que estoy muy enojado.
No os dejéis abrazar. ¿Entendéis, hija?

FINEA   Sí señor padre; y cierto que me pesa,
             aunque me pareció muy bien entonces.

OTAVIO   Sólo vuestro marido ha de ser digno°   worthy
             desos abrazos.

Entre Turín

TURÍN   En tu busca vengo.

OTAVIO   ¿De qué es la prisa tanta?

TURÍN   De que al campo
1530   *(going to kill himself)* (margin annotation) van a matarse mi señor Liseo
             y Laurencio, ese hidalgo marquesote,
             que desvanece° a Nise con sonetos.   makes swoon

OTAVIO   ¿Qué importa que los padres sean discretos,
             si les falta a los hijos la obediencia?
-            Liseo habrá entendido la imprudencia
             deste Laurencio atrevidillo³² y loco,
             y que sirve a su esposa.—¡Caso extraño!
             ¿Por dónde fueron?

TURÍN   Van, si no me engaño,
             hacia los Recoletos Agustinos.

1540 OTAVIO Pues ven tras mí. ¡Qué extraños desatinos!°   foolish actions

Váyanse Otavio y Turín

CLARA   Parece que se ha enojado
             tu padre.

FINEA   ¿Qué puedo hacer?

CLARA   ¿Por qué le diste a leer
             el papel?

FINEA   Ya me ha pesado.

---

³² **Atrevidillo** is the diminutive of **atrevido** *daring*.

CLARA	Ya no puedes proseguir
	la voluntad de Laurencio.

FINEA   Clara, no la° diferencio   = *voluntad de Laurencio*

con 'el dejar de vivir.°   death

Yo no entiendo cómo ha sido

1550   desde que el hombre me habló,

porque si es que siento yo,

él me ha llevado el sentido.

Si duermo, sueño con él,

si como, le estoy pensando,

y si bebo, estoy mirando

en agua la imagen dél.

¿No has visto de qué manera

muestra el espejo a quien mira

su rostro, que una mentira

1560   le hace forma verdadera?

Pues lo mismo en vidro miro

que el cristal me representa.[33]

CLARA	A tus palabras atenta,
	de tus mudanzas me admiro.
	Parece que te transformas
	en otra.

FINEA   En otro dirás.

CLARA	Es maestro con quien más
	para aprender te conformas.

FINEA   Con todo eso seré

1570   obediente al padre mío;

fuera de que es desvarío°   inconstancy

quebrar la palabra y fe.

CLARA   Yo haré lo mismo.

FINEA   No impidas

el camino que llevabas.

---

[33] **¿No has…** *"Have you ever noticed how a little self-deception turns your image in a mirror into solid flesh and blood? Well, it's like that with my images of him!"* (Oliver 87).

CLARA   ¿No ves que amé porque amabas,
             y olvidaré porque olvidas?

FINEA   Harto me pesa de amalle,
             pero a ver mi daño vengo,
             aunque sospecho que tengo
1580   de olvidarme de olvidalle.

Váyanse, y entren Liseo y Laurencio.

LAURENCIO   Antes, Liseo, de sacar la espada,
            quiero saber la causa que os obliga.

LISEO   Pues bien será que la razón os diga.

LAURENCIO   Liseo, si son celos de Finea,
            mientras no sé que vuestra esposa sea,
            bien puedo pretender,° pues fui primero.   court

LISEO   Disimuláis,° a fe de caballero;   you bluff
             pues tan lejos lleváis el pensamiento
             de amar una mujer tan inorante.

1590 LAURENCIO   Antes de que la quiera no os espante;
             que soy tan pobre como bien nacido,
             y quiero sustentarme con el dote.
             Y que lo diga ansí, no os alborote,
             pues que vos, dilatando el casamiento,
             habéis dado más fuerzas a mi intento;
             y porque, cuando llegan obligadas
             a desnudarse° en campo° las espadas,   unsheath, dueling field
             se han de tratar verdades llanamente;
             que es hombre vil quien en el campo miente.

LISEO   ¿Luego no queréis bien a Nise?

1600 LAURENCIO   A Nise
             yo no puedo negar que no la quise,[34]
             mas su dote serán diez mil ducados.
             y de cuarenta a diez, ya veis, van treinta.
             Y pasé de los diez a los cuarenta.

---

[34] **No puedo...** *I cannot deny that I loved her once*

LISEO Siendo eso ansí, como de vos lo creo,
estad seguro que jamás Liseo
os quite la esperanza de Finea;
que aunque no es la ventura de la fea,
será de la ignorante la ventura,
1610 que así Dios me la dé, que no la quiero,[35]
pues desde que la vi por Nise muero.

LAURENCIO ¿Por Nise?

LISEO   Sí, por Dios.

LAURENCIO   Pues vuestra es Nise,
y con la antigüedad que yo la quise,
yo os doy sus esperanzas y favores.
Mis deseos os doy, y mis amores,
mis ansias, mis serenos,° mis desvelos,   night watches
mis versos, mis sospechas, y mis celos.
Entrad con esta runfla, y dalde° pique;[36]   =dadle
que no hará mucho en que de vos se pique.[37]

1620 LISEO Aunque con cartas tripuladas° juegue,   discarded
aceto° la merced, señor Laurencio,   =acepto
que yo soy rico, y compraré mi gusto.
Nise es discreta, yo no quiero el oro;
hacienda° tengo, su belleza adoro.   wealth

LAURENCIO Hacéis muy bien, que yo, que soy tan pobre,
el oro solicito que me sobre;
que aunque de entendimiento lo° es Finea,   =pobre
yo quiero que en mi casa alhaja° sea.   jewel
¿No están 'las escrituras de una renta°   lease contract

---

[35] **Que aunque…** *"though the good luck it won't be / of the ugly, it may portend / the good luck of the ignorant. / And if the Lord gives her to me / I don't want her"* (Oppenheimer 48). Liseo is referring to a refrain that went "La ventura de la fea, la bonita la desea" or "La ventura de las feas, la dicha," meaning that ugly women are lucky in marriage (Zamora Vicente 7).

[36] **Entrad con…** *go in with that hand of cards and win the game*

[37] **No hará…** *it will not take her long to fall in love with you.* There is a play on the word **picarse**, which can either extend the card-playing metaphor in that it means *to get angry about losing a game of cards*, or it can also mean *to fall in love*.

1630   en un cajón de un escritorio, y rinden
          aquello que se come todo el año;
          no está una casa principal tan firme
          como de piedra, al fin, yeso° y ladrillo,   plaster
          y renta mil ducados a su dueño?
          Pues yo haré cuenta que es Finea una casa,
          una escritura, un censo, y una viña,
          y seráme una renta con basquiña.°   petticoat
          Demás, que si me quiere, a mí me basta;
          que no hay mayor ingenio que ser casta.°   chaste

1640 LISEO   Yo os doy palabra de ayudaros tanto,
                que venga a ser tan vuestra como creo.

      LAURENCIO Y yo con Nise haré, por Dios, Liseo,
                 lo que veréis.

      LISEO   Pues démonos las manos
                de amigos, no fingidos cortesanos,°   courtesans
                sino como si fuéramos de Grecia,
                adonde tanto el amistad se precia.

      LAURENCIO Yo seré vuestro Pílades.

      LISEO   Yo Orestes.[38]

      Entre Otavio y Turín

      OTAVIO   ¿Son éstos?

      TURÍN   Ellos son.

      OTAVIO   ¿Y esto es pendencia?° quarrel

      TURÍN   Conocieron de lejos tu presencia.

      OTAVIO   Caballeros…

1650 LISEO   Señor, seáis bienvenido.

      OTAVIO   ¿Qué hacéis aquí?

---

[38] Pylades and Orestes are the protagonists of the *Oresteia* by the sixth-century B.C.E. Greek playwright Aeschylus. They were famous for their loyal friendship.

LISEO	Como Laurencio ha sido
	tan grande amigo mío desde el día
	que vine a vuestra casa, o a la mía,
	venímonos° a ver el campo solos, =nos venimos
	tratando nuestras cosas igualmente.

OTAVIO   Desa amistad me huelgo extrañamente.
Aquí vine a un jardín de un grande amigo,
y me holgaré de que volváis conmigo.

LISEO   Será para los dos merced notable.

1660 LAURENCIO ʹVamos acompañaros° y serviros.   =vamos *a* acompañaros

OTAVIO   Turín, ¿por qué razón me has engañado?

TURÍN   Porque deben de haber disimulado,
y porque, en fin, las más de las pendencias
mueren por madurar; que a no ser esto,
no hubiera mundo ya.

OTAVIO   Pues di, ¿tan presto
se pudo remediar?

TURÍN   ¿Qué más remedio
de no reñir, que estar la vida en medio?

Váyanse, y salgan Nise y Finea.

NISE   De suerte te has engreído,°   become vain
que te voy desconociendo.

1670 FINEA   De que eso digas me ofendo.
Yo soy la que siempre he sido.

NISE   Yo te vi menos discreta.

FINEA   Y yo más segura a ti.

NISE   ¿Quién te va trocando ansí?
¿Quién te da lición secreta?
Otra memoria es la tuya.

¿Tomaste la anacardina?[39]

FINEA   Ni de Ana ni Catalina
             he tomado lición suya.[40]
1680   Aquélla que ser solía
             soy, porque sólo he mudado
             un poco de más cuidado.

NISE   ¿No sabes que es prenda[41] mía
             Laurencio?

FINEA   ¿Quién te empeñó
             a Laurencio?

NISE   Amor.

FINEA   ¿A fe?
             Pues yo le desempeñé,
             y el mismo amor me le dio.

NISE   Quitaréte dos mil vidas,
             boba dichosa.

FINEA   No creas
1690   que si a Laurencio deseas,
             de Laurencio 'te dividas.°   you separate yourself
             'En mi vida° supe más   never before
             de lo que él me ha dicho a mí.
             Eso sé, y eso aprendí.

NISE   Muy aprovechada estás.
             Mas de hoy más no ha de pasarte
             por el pensamiento.

FINEA   ¿Quién?

NISE   Laurencio.

---

[39] **Anacardina** is a confection made of cashews believed to be good for the memory.

[40] **Ni de...** *I have neither taken a lesson from Ana nor Catalina.* Finea has misunderstood **anacardina** to be **Ana y Catalina**.

[41] **Prenda** can mean either *darling* or *pledge*, as in the pledge left at a pawn shop. Nise intends the first meaning, but Finea plays on the second meaning in the next line: **¿Quién te...** *who pawned Laurencio to you?*

FINEA   Dices muy bien;
                    no volverás a quejarte.

1700 NISE   Si los ojos puso en ti,
                    quítelos° luego.   let him remove them

FINEA   Que sea
                    como tú quieres.

NISE   Finea,
                    déjame a Laurencio a mí;
                    marido tienes.

FINEA   Yo creo
                    que no riñamos las dos.

NISE   Quédate con Dios.

FINEA   Adiós.

Váyase Nise, y entre Laurencio.

                    ¡En qué confusión me veo!
                    ¿Hay mujer más desdichada?
                    Todos dan en perseguirme.

1710 LAURENCIO [*Aparte*] (Detente en un punto firme,
                    Fortuna[42] veloz y airada,
                    que ya parece que quieres
                    ayudar mi pretensión.
                    ¡Oh qué gallarda ocasión!)
                    ¿Eres tú, mi bien?

FINEA   No esperes,
                    Laurencio, verme jamás.
                    Todos me riñen por ti.

LAURENCIO Pues ¿qué te han dicho de mí?

FINEA   Eso agora lo sabrás.
1720   ¿Dónde está mi pensamiento?

---

[42] **Fortuna** is the personification of *fortune*, similar to the phrase "Lady
Luck."

LAURENCIO ¿Tu pensamiento?

FINEA   Sí.

LAURENCIO   En ti:
porque si estuviera en mí,
yo estuviera más contento.

FINEA   ¿Vesle° tú?   =*pensamiento*

LAURENCIO   Yo no, jamás.

FINEA   Mi hermana me dijo aquí,
que no has de pasarme a mí
por el pensamiento más.
Por eso allá te desvía,
y no me pases por él.

1730 LAURENCIO [*Aparte*] (Piensa que yo estoy en él,
y echarme fuera querría.)

FINEA   Tras esto dice, que en mí
pusiste los ojos.

LAURENCIO   Dice
verdad; no lo contradice
el alma que vive en ti.

FINEA   Pues tú me has de quitar luego
los ojos que me pusiste.

LAURENCIO ¿Cómo, si en amor consiste?

FINEA   Que me los quites, te ruego,
1740   con ese lienzo° de aquí,   handkerchief
si yo los tengo en mis ojos.

LAURENCIO No más: cesen los enojos.

FINEA   ¿No están en mis ojos?

LAURENCIO   Sí.

FINEA   Pues limpia y quita los tuyos;°   =*ojos*
que no han de estar en los míos.

LAURENCIO ¡Qué graciosos desvaríos!°   silliness

FINEA	Ponlos a Nise en los suyos.
LAURENCIO	Ya te limpio con el lienzo.
FINEA	¿Quitástelos?
LAURENCIO	¿No lo ves?

1750 FINEA   Laurencio, 'no se los des;°   do not give them to her
         que a sentir penas comienzo.   (Nise)
         Pues más hay; que el padre mío
         bravamente° se ha enojado   severely
         del abrazo que me has dado.

LAURENCIO [*Aparte*] (Mas ¿que hay otro desvarío?)

FINEA   También me le° has de quitar.   =el *abrazo*
         No ha de reñirme por esto.

LAURENCIO ¿Cómo ha de ser?

FINEA   Siendo presto.
         ¿No sabes desabrazar?°   "un-hug"

1760 LAURENCIO El brazo derecho alcé,
         —tienes razón, ya me acuerdo—
         y agora alzaré el izquierdo,
         y el abrazo desharé.

FINEA   ¿Estoy ya desabrazada?

LAURENCIO ¿No lo ves?

Nise entre

NISE   Y yo también.

FINEA   Huélgome,° Nise, tan bien,   I am glad
         que ya no me dirás nada;
         ya Laurencio no me pasa
         por el pensamiento a mí;
1770   ya los ojos le volví,
         pues que contigo se casa.
         En el lienzo los llevo,
         y ya me ha desabrazado.

LAURENCIO   Tú sabrás lo que ha pasado
            con harta risa.

NISE   Aquí no:
            vamos los dos al jardín;
            que tengo bien que riñamos.

LAURENCIO   Donde tú quisieres vamos.

Váyanse Laurencio y Nise

FINEA   Ella se le lleva en fin.
1780   ¿Qué es esto que me da pena
            de que se vaya con él?
            Estoy por irme tras él.
            ¿Qué es esto que me enajena°   separates
            de mi propia libertad?
            No me hallo sin Laurencio.
            Mi padre es éste; silencio,
            callad, lengua; ojos, hablad.

Otavio entre

OTAVIO   ¿Adónde está tu esposo?

FINEA   Yo pensaba
            que lo primero en viéndome que hicieras,
1790   fuera saber de mí si te obedezco.

OTAVIO   Pues ¿eso a que propósito?

FINEA   ¿Enojado
            no me dijiste aquí que era mal hecho
            abrazar a Laurencio? Pues agora
            que me desabrazase le he rogado,
            y el abrazo pasado me ha quitado.

OTAVIO   ¿Hay cosa semejante? Pues di, bestia.
            ¿otra vez le abrazabas?

FINEA   Que no es eso:
            fue la primera vez alzado el brazo
            derecho de Laurencio aquel abrazo,
1800   y agora levantó, que bien me acuerdo,

                       porque fuese al revés, el brazo izquierdo.
                       Luego desabrazada estoy agora.

OTAVIO   [*Aparte*] (Cuando pienso que sabe, más ignora.
                       Ello es querer hacer lo que no quiso
                       naturaleza.)

FINEA   Diga, señor padre,
                       ¿cómo llaman aquello que se siente,
                       cuando se va con otro lo que se ama?

OTAVIO   Ese agravio de amor celos se llama.

FINEA   ¿Celos?

OTAVIO   Pues ¿no lo ves que son 'sus hijos?°   =los hijos *de amor*

1810 FINEA   El padre° puede dar mil regocijos,°   =*amor*, rejoicings
                       y es muy hombre de bien; mas desdichado
                       en que tan malos hijos ha criado.

OTAVIO   [*Aparte*] (Luz va tiniendo° ya pienso;   =teniendo
                              que bien pienso,
                       que si amor la enseñase, aprendería.)

FINEA   ¿Con qué se quita el mal de celosía?[43]

OTAVIO   Con desenamorarse, si hay agravio,
                       que es el remedio más prudente y sabio;
                       que mientras hay amor ha de haber celos,
                       pensión que dieron a este bien los cielos.
                       ¿Adónde Nise está?

1820 FINEA   Junto a la fuente.
                       Con Laurencio se fue.

OTAVIO   ¡Cansada cosa!
                       Aprenda normala° a hablar su prosa;   =en hora mala
                       déjese de sonetos y canciones.
                       Allá voy a romperles las razones.°   conversation

Váyase

---

[43] **Celosía** is a word that Finea has made up based on **celos**. It actually means *lattice window*.

FINEA   ¿Por quién en el mundo pasa
               esto que pasa por mí?
               ¿Qué vi denantes?° ¿Qué vi   =antes
               que así me enciende y me abrasa?
               Celos dice el padre mío
1830   que son. ¡Brava enfermedad!

Entre Laurencio

LAURENCIO [*Aparte*] (Huyendo su autoridad,
               de enojarle me desvío,
               aunque en parte le agradezco
               que estorbase los enojos
               de Nise. Aquí están los ojos
               a cuyos rayos me ofrezco.)
               Señora…

FINEA   Estoy por no hablarte.
               ¿Cómo te fuiste con Nise?

LAURENCIO No me fui porque yo quise.

FINEA   Pues ¿por qué?

1840 LAURENCIO   Por no enojarte.

FINEA   Pésame si no te veo,
               y en viéndote ya querría
               que te fueses, y a porfía
               anda el temor y el deseo.
               Yo estoy celosa de ti;
               que ya sé lo que son celos,
               que su duro nombre ¡ay cielos!
               me dijo mi padre aquí.
               Mas también me dio el remedio.

LAURENCIO ¿Cuál es?

1850 FINEA   Desenamorarme;
               porque podré sosegarme,
               quitando el amor de en medio.

LAURENCIO Pues ¿eso cómo ha de ser?

FINEA   El que me puso el amor
             me le quitará mejor.

LAURENCIO   Un remedio suele haber.

FINEA   ¿Cuál?

LAURENCIO   Los que vienen aquí
             al remedio ayudarán.

Entren Pedro, Duardo y Feniso

PEDRO   Finea y Laurencio están
             juntos.

1860 FENISO   Y él 'fuera de sí.°   beside himself

LAURENCIO   Seáis los tres bienvenidos
             a la ocasión mas gallarda
             que se me pudo ofrecer.
             Y pues de los dos el alma
             a sola Nise discreta
             inclina las esperanzas,
             oíd lo que con Finea
             para mi remedio pasa.[44]

DUARDO   En esta casa parece,
1870   según por los aires andas,
             que te 'ha dado hechizos° Circe.[45]   cast a magic spell
             Nunca sales desta casa.

LAURENCIO   Yo voy con mi pensamiento,
             haciendo una rica traza°   plan
             para hacer oro de alquimia.°   alchemy

PEDRO   La salud y el tiempo gastas.
             Igual sería, señor
             cansarte, pues todo cansa
             de pretender imposibles.

---

[44] **Y pues… =y pues el alma de los dos inclina las esperanzas a sola Nise discreta, oíd lo que pasa para mi remedio con Finea** *since both of your souls aim their hopes at discreet Nise alone, listen to what is happening to my benefit with Finea*

[45] Circe is the goddess of magic in Greek mythology.

LAURENCIO Calla, necio.

1880 PEDRO   El nombre basta,
para no callar jamás;
que nunca los necios callan.

LAURENCIO Aguardadme mientras hablo
a Finea.

DUARDO   Parte.

LAURENCIO   Hablaba,
Finea hermosa, a los tres,
para el remedio que aguardas.

FINEA   Quítame presto el amor
que con sus celos me mata.

LAURENCIO Si dices delante déstos
1890   como me das la palabra
de ser mi esposa y mujer,
todos los celos se acaban.

FINEA   ¿Eso no más? Yo lo haré.

LAURENCIO Pues tú misma a los tres llama.

FINEA   Feniso, Duardo, Pedro…

Los Tres. Señora…

FINEA   Yo doy palabra
de ser esposa y mujer
de Laurencio.

DUARDO   ¡Cosa extraña!

LAURENCIO ¿Sois testigos° desto?   witnesses

LOS TRES   Sí.

1900 LAURENCIO Pues haz cuenta que estás sana
del amor y de los celos
que tanta pena te daban.

FINEA   Dios te lo pague, Laurencio.

LAURENCIO Venid los tres a mi casa;
               que tengo un notario° allí.   notary

FENISO   Pues ¿con Finea te casas?

LAURENCIO Sí, Feniso.

FENISO   ¿Y Nise bella?

LAURENCIO Troqué discreción por plata.

*Váyanse Laurencio, Feniso, Duardo y Pedro, y quede
Finea sola, y entren Nise y Otavio*

NISE   Hablando estaba con él
1910   cosas de poca importancia.

OTAVIO   Mira, hija, que estas cosas
               más deshonor que honor causan.

NISE   Es un honesto mancebo°   young man
               que de buenas letras trata,
               y téngole por maestro.

OTAVIO   No era tan blanco en Granada
               Juan Latino,[46] que la hija
               de un Veinticuatro° enseñaba;[47]   alderman
               y siendo negro y esclavo,
1920   porque fue su madre esclava
               del claro duque de Sessa,[48]
               honor de España y de Italia,
               se vino a casar con ella:°   =*la hija de un*
               que gramática estudiaba,   *Veinticuatro*
               y la enseñó a conjugar
               en llegando al *amo, amas;*[49]
               que así llama el matrimonio

---

[46] Juan Latino was a black poet and grammarian who lived during the
sixteenth century in Granada.
[47] **Que la… =que enseñaba a la hija de un Veinticuatro**
[48] Juan Latino was indeed the son of a slave that belonged to the third
Duke of Sessa. The sixth Duke of Sessa was Lope's patron (Hesse 281).
[49] *Amo, amas* is Latin (and Spanish) for *I love, you love.*

el latín.

NISE   Deso me guarda
                          ser tu hija.

FINEA   ¿Murmuráis
                          de mis cosas?

1930 OTAVIO   ¿Aquí estaba
                          esta loca?

FINEA   Ya no es tiempo
                          de reñirme.

OTAVIO   ¿Quién te habla?
                          ¿Quién te riñe?

FINEA   Nise y tú.
                          Pues sepan que agora acaba
                          de quitarme el amor todo
                          Laurencio, como la palma.[50]

OTAVIO   [*Aparte*] (Hay alguna bobería.)

FINEA   Díjome que se quitaba
                          el amor con que le diese
1940   de su mujer la palabra,[51]
                          y delante de testigos
                          se la he dado, y estoy sana
                          del amor y de los celos.

OTAVIO   Esto es cosa temeraria:°
                          Ésta, Nise, ha de quitarme
                          la vida.

NISE   ¿Palabra dabas
                          de mujer a 'ningún hombre?°   =*un* hombre
                          ¿No sabes que estás casada?

FINEA   Para quitarme el amor
                          ¿qué importa?

---

[50] **Como la...** Oppenheimer renders this "like so" (59), while Oliver
interprets it as "unblemished as the palm of my hand" (111).
[51] **De su...** =la palabra de (ser) su mujer

1950 OTAVIO   No entre en mi casa
             Laurencio más.

NICE.   Es error,
             porque Laurencio la engaña;
             que él y Liseo lo dicen
             no más de para enseñarla.

OTAVIO   Desa manera yo callo.

FINEA   ¡Oh! pues con eso nos tapa
             la boca…

OTAVIO   Vente conmigo.

FINEA   ¿Adónde?

OTAVIO   Donde te aguarda
             un notario.

FINEA   Vamos.

OTAVIO   Ven.
1960   [*Aparte*] (¡Qué descanso de mis canas!)

Váyanse Otavio y Finea
Nise sola

NISE   Hame° contado Laurencio   =me ha
             que han tomado aquesta traza
             Liseo y él, para ver
             si aquella rudeza labran,°   polish
             y no me parece mal.

Liseo entre

LISEO   ¿Hate contado mis ansias°   yearnings
             Laurencio, discreta Nise?

NISE   ¿Qué me dices? ¿Sueñas o hablas?

LISEO   Palabra me dio Laurencio
1970   de ayudar mis esperanzas,
             viendo que las pongo en ti.

NISE   Pienso que de hablar te cansas

con tu esposa, o que se embota°   dulls
en la dureza que labras
el cuchillo de tu gusto,
y para volver a hablarla,
quieres 'darle un filo° en mí.[52]   sharpen it

LISEO   Verdades son las que trata
contigo mi amor, no burlas.

NISE   ¿Estás loco?

1980 LISEO   Quien pensaba
casarse con quien lo era,
de pensarlo ha dado causa;[53]
yo he mudado pensamiento.

NISE   ¡Qué necedad, qué inconstancia,
que locura, error, traición°   betrayal
a mi padre, y a mi hermana!
Id en buen hora, Liseo.

LISEO   ¿Desa manera me pagas
tan desatinado amor?

1990 NISE   Pues si es desatino, basta.

Entre Laurencio

LAURENCIO [*Aparte*] (Hablando están los dos solos.
Si Liseo se declara,
Nise ha de saber también
que mis lisonjas la engañan.
Creo que me ha visto ya.)

NISE   ¡Oh gloria de mi esperanza!

Nise dice como que habla con Liseo

---

[52] **Pienso que... =pienso que te cansas de hablar con tu esposa, o
que el cuchillo de tu gusto se embota en la dureza que labras y
quieres darle un filo en mí para volver a hablarla** *I think that you grow
weary of talking to your fiancée, or that the knife of your pleasure grows dull in the hard
material that you are carving, and you want to sharpen it on me so that you can go back
to talking to her*

[53] **Quien pensaba...** *one who was planning to marry someone who was crazy has
given reason to believe that he is crazy, too*

LISEO   ¿Yo vuestra gloria, señora?

NISE   Aunque dicen que me tratas
             con traición, yo no lo creo;
2000   que no lo consiente el alma.

LISEO   ¿Traición, Nise? Si en mi vida
             mostrare° amor a tu hermana,   *=muestro*
             me mate un rayo del cielo.

LAURENCIO [*Aparte*] (Es conmigo con quien habla
             Nise, y presume Liseo
             que le requiebra y regala.)

NISE   Quiérome quitar de aquí,
             que con tal fuerza me engaña
             amor, que diré locuras.

2010 LISEO   No os vais, ¡O Nise gallarda!
             que después de los favores
             quedará sin vida el alma.

NISE   Dejadme pasar… [*Éntrese Nise*]

LISEO   ¿Aquí
             estabas a mis espaldas?

LAURENCIO Agora entré.

LISEO   Luego a ti
             te hablaba, y te requebraba,
             aunque me miraba a mí
             aquella discreta ingrata.

LAURENCIO No tengas pena: las piedras
2020   ablanda° el curso del agua.[54]   softens
             Yo sabré hacer que esta noche
             puedas en mi nombre hablarla.
             Ésta es discreta, Liseo;
             no podrás, si no la engañas,
             quitalla del pensamiento
             el imposible que aguarda;

---

[54] **Las piedras… =el curso del agua ablanda las piedras**

porque yo soy de Finea.

LISEO   Si mi remedio no trazas,
               cuéntame loco de amor.

2030 LAURENCIO Déjame el remedio, y calla;
               porque burlar un discreto,
               es la vitoria° mas alta.   =victoria
               Fin del segundo acto de la Dama boba

Tercero acto de
La dama boba
Los que hablan en el tercero acto

FINEA
CLARA
NISE
LISEO
PEDRO
LAURENCIO
TURÍN

MISENO
DUARDO
FENISO
CELIA
OTAVIO
Los MÚSICOS

Acto Tercero

Finea sola

FINEA   ¡Amor, divina invención
de conservar la belleza
de nuestra naturaleza,
o accidente, o elección![1]
Extraños efetos son
los que de tu ciencia nacen,
pues las tinieblas° deshacen,   darkness
2040   pues hacen hablar los mudos,
pues los ingenios más rudos
sabios y discretos hacen.
No ha dos meses que vivía
a las bestias tan igual,
que aun el alma racional
parece que no tenía.
Con el animal sentía,
y crecía con la planta;
la razón divina y santa
2050   estaba eclipsada en mí,

---

[1] **O accidente…** *whether you (Love, personified) be by accident or choice*

hasta que en tus rayos vi,
a cuyo sol se levanta.
Tú desataste y rompiste
la escuridad de mi ingenio,
tú fuiste el divino genio
que me enseñaste, y me diste
la luz con que me pusiste
el nuevo ser en que estoy.
Mil gracias, amor, te doy,
2060   pues me enseñaste tan bien,
que dicen cuantos me ven
que tan diferente soy.
A pura imaginación
de la fuerza de un deseo,
en los palacios me veo
de la divina razón.
¡Tanto la contemplación
de un bien pudo levantarme!
Ya puedes del grado° honrarme,   college degree
2070   dándome a Laurencio, amor,
con quien pudiste mejor
enamorada enseñarme.

Salga Clara

CLARA   En grande conversación
               están de tu entendimiento.

FINEA   Huélgome que esté contento
               mi padre en esta ocasión.

CLARA   Hablando está con Miseno
               de como lees, escribes
               y danzas; dice que vives
2080   con otra alma en cuerpo ajeno.
               Atribúyele al amor
               de Liseo este milagro.

FINEA   En otras aras° 'consagro   altars
               mis votos,° Clara, mejor.   I consecrate my vows
               Laurencio ha sido el maestro.

CLARA   Como Pedro lo fue mío.

FINEA   De verlos hablar me río
        en este milagro nuestro.
        Gran fuerza tiene el amor,
2090   catredático° divino.   = *catedrático professor*

Salgan Miseno y Otavio

MISENO Yo pienso que es el camino
        de su remedio mejor.
        Y ya, pues habéis llegado
        a ver con entendimiento
        a Finea, que es contento
        nunca de vos esperado,[2]
        a Nise podéis casar
        con este mozo° gallardo.   young man

OTAVIO Vos solamente a Duardo
2100   pudiérades abonar.°   vouch for
        Mozuelo me parecía
        déstos que se desvanecen,
        a quien agora enloquecen
        la arrogancia y la poesía.
        No son gracias de marido
        sonetos; Nise es tentada
        de académica endiosada°
        que a casa los ha traído.   haughty
        ¿Quién le mete a una mujer
2110   con Petrarca[3] y Garcilaso,[4]
        siendo su Virgilio[5] y Taso[6]

---

[2] **Que es...** *which is a satisfaction that you never expected*
[3] Francesco Petrarca (1304-74), known in English as Petrarch, is the Italian Renaissance poet for whom the Petrarchan sonnet is named. He was very influential in Spanish poetry.
[4] Garcilaso de la Vega (1503-36) was a Spanish Renaissance poet known for his sonnets and eclogues.
[5] Publius Vergilius Maro (70 B.C.E-19 B.C.E) was a Roman poet best known for his epic poem the *Æneid*.
[6] As Schevill points out, Taso could refer to either of two Italian Renaissance poets: Bernardo Tasso (1493-1569), who wrote the epic poem *Amadigi*, and his son, Torquato Tasso (1544-1595), whose epic *Gerusalemme liberata* was influential in Spanish literature (311). In fact, Lope himself

hilar, labrar y coser?
Ayer sus librillos vi,
papeles y escritos varios;
pensé que devocionarios,°   prayer books
y desta suerte leí:
Historia de dos amantes,[7]
sacada de lengua griega;
Rimas[8] de Lope de Vega,
2120   *Galatea*[9] de Cervantes,
el *Camões*[10] de Lisboa,°   Lisbon
los *Pastores de Belén,*[11]
Comedias de don Guillen
de Castro,[12] *Liras* de Ochoa,[13]
Canción que Luis Vélez[14] dijo
en la Academia del duque
de Pastrana,[15] *Obras* de Luque,[16]
Cartas de don Juan de Arguijo,[17]
Cien sonetos de Liñán,[18]

---

wrote an imitation of *Gerusalemme liberata* entitled *Jerusalén conquistada.*

[7] The actual title is *Theagenes and Chariklea,* written by Heliodorus (Hesse 282) (see note 11 of the first act).

[8] *Rimas* probably refers to *La hermosura de Angélica, con otras diversas rimas,* printed in 1602 (Schevill 312).

[9] *Galatea* was a pastoral novel by Miguel de Cervantes Saavedra (1547-1616), author of *Don Quixote.*

[10] Luís de Camões (1524-80) was a Portuguese writer best known for his epic poem *Os Lusíadas.*

[11] This is another of Lope's works, published in 1612.

[12] Guillén de Castro y Bellvis (1569-1631) was a Spanish playwright whose best-known work is *Las mocedades del Cid.*

[13] This is probably Juan de Ochoa, a sixteenth-century writer of whom little is now known.

[14] Luis Vélez de Guevara (1578-1644) was a Spanish playwright and novelist best known for his novel *El diablo cojuelo.*

[15] The Duke of Pastrana hosted a literary academy called the *Academia Selvaje* from 1612-1614. Both Lope and Cervantes were members (Marín 147).

[16] Most editors believe that this refers to Juan de Luque, a little-known *conceptista* poet.

[17] Juan de Arguijo (1560?-1623) wrote letters in verse (Schevill 316).

[18] Pedro de Liñán de Riaza (d. 1607) is a lesser-known poet and friend of Lope.

2130
            Obras de Herrera el divino,[19]
            el *Libro del Peregrino*,[20]
            y el *Pícaro* de Alemán.[21]
            Mas que os canso,[22] por mi vida;
            que se los quise quemar.

MISENO   Casalda,° y veréisla estar   **=casadla**
            ocupada y divertida
            en el parir y el criar.

OTAVIO   ¡Qué gentiles devociones!
            Si Duardo hace canciones,
2140   bien los podemos casar.

MISENO   Es poeta caballero;
            no temáis: hará por gusto
            versos.

OTAVIO   Con mucho disgusto
            los° de Nise considero.   **=*versos***
            Temo, y en razón lo fundo,
            si en esto da, que ha de haber
            un don Quijote[23] mujer
            que dé que reír al mundo.

Entren Liseo y Nise y Turín

LISEO   Trátasme con tal desdén,
2150   que pienso que he de apelar°   appeal
            adonde sepan tratar
            mis obligaciones bien.
            Pues advierte, Nise bella,
            que Finea ya es sagrado;°   safe haven

---

[19] Fernando de Herrera (1534-97) is one of the most important Spanish poets of the sixteenth century and editor of Garcilaso de la Vega's work.
[20] Actually called *El peregrino en su patria*, this novel is another of Lope's own works.
[21] The full title is *El pícaro Guzmán de Alfarache*. It is the most famous work of the Spanish novelist Mateo Alemán (1547-1615).
[22] Most editors make this a question: **Mas, ¿qué os canso?** *But, why do I tire you?* I prefer to leave it as a statement: **Mas que os canso** *But I tire you.*
[23] This is of course an allusion to Cervantes's famous character, Don Quijote de la Mancha, who went crazy from reading too many books.

que un amor tan desdeñado
puede hallar remedio en ella.
Tu desdén que imaginé
que pudiera ser menor,
crece al paso de mi amor,
2160   medra° al lado de mi fe.   grows
Y su corto entendimiento
ha llegado a tal mudanza,
que puede dar esperanza
a mi loco pensamiento.
Pues, Nise, trátame bien,
o de Finea el favor
será sala,° en que mi amor   courtroom
apele de tu desdén.

NISE   Liseo, el hacerme fieros°   threats
2170   fuera° bien considerado,   =sería
cuando yo te hubiera amado.

LISEO   Los nobles y caballeros
como yo se han de estimar,
no lo indigno de querer.

NISE   El amor se ha de tener
adonde se puede hallar;
que como no es elección,
sino sólo un accidente,
tiénese donde se siente,
2180   no donde fuera razón.
El amor no es calidad,
sino estrellas que conciertan
las voluntades que aciertan
a ser una voluntad.[24]

LISEO   Eso, señora, no es justo,
y no lo digo con celos;
que pongáis culpa a los cielos

---

[24] **El amor...** *love is not a quality, but rather stars that bring together wills that happen to be one will.* Schevill says, "According to culto poetry love is considered a disease, and the influence of the stars brings on 'el accidente de una enfermedad'; as such,'accident' is frequently found in contrast with 'eleccion, o albedrio'" (317).

de la bajeza del gusto.
A lo que se hace mal,
2190   no es bien decir: "fue mi estrella."

NISE   Yo no pongo culpa en ella,
          ni en el 'curso celestial,°   heavenly course
          porque Laurencio es un hombre
          tan hidalgo y caballero
          que puede honrar…

LISEO   Paso.°   quiet

NISE   Quiero
          que reverenciéis su nombre.

LISEO   A no estar tan cerca Otavio…

OTAVIO   ¡Oh Liseo!

LISEO   ¡Oh mi señor!

NISE   [*Aparte*] (¡Que se ha de tener amor
2200   por fuerza, notable agravio!)

Entre Celia

CELIA   El maestro de danzar
          a las dos llama a lición.

OTAVIO   Él viene a buena ocasión.
          Vaya un criado a llamar
          los músicos, porque vea
          Miseno a lo que ha llegado
          Finea.

LISEO   [*Aparte*] (Amor, engañado,
          hoy volveréis a Finea;
          que muchas veces amor,
2210   disfrazado° en la venganza,   disguised
          hace una justa mudanza
          desde un desdén a un favor.)

CELIA   Los músicos y él venían.

Entren los músicos

OTAVIO   Muy bienvenidos seáis.

LISEO   [*Aparte*] (Hoy, pensamientos, vengáis°   you avenge
              los agravios que os hacían.)

OTAVIO   Nise y Finea…

NISE   Señor…

OTAVIO   Vaya aquí, por vida mía,
              el baile del otro día.

2220 LISEO   [*Aparte*] (¡Todo es mudanzas amor!)

Otavio, Miseno, y Liseo se sientan; los músicos canten, y las dos bailen ansí:[25]

          [I]
          Amor, cansado de ver
          tanto interés en las damas,
          y que por desnudo y pobre,
          ninguna° favor le daba,   =ninguna *dama*
          pasóse a las indias,
          vendió el aljaba,°   quiver
          que más quiere doblones,°   doubloons (currency)
          que vidas y almas.
          Trató en las indias Amor
2230   *no en joyas, sedas,° y holandas,°*   silks, linens
          sino en ser sutil° tercero   cunning
          de billetes° y de cartas.°   love notes, letters
          Volvió de las indias
          con oro y plata;
          que el Amor bien vestido
          rinde° las damas.   wins over
          Paseó la Corte Amor
          con mil cadenas y bandas.°   jewelled necklaces
          Las damas, como le vían,
2240   *desta manera le hablan:*

---

[25] Songs and dance were common in the *comedia*. This is a song about Love
personified as a dandy. Lines 2221-40 are a sort of modified *romance* with
a mix of pentasyllable (five-syllable), hexasyllable (six-syllable),
heptasyllable, and octosyllable lines with *rima asonante* in a-a.

¿De dó° viene, de dó viene?[26]   =dónde
    Viene de Panamá—

[II]
¿De dó viene el caballero?
    Viene de Panamá—
Trancelín° en el sombrero,   ribbon
    Viene de Panamá—
cadenita de oro al cuello,
    Viene de Panamá—
en los brazos el griguiesco,[27]
    Viene de Panamá—
2250 las ligas° con rapacejos,°   garters, fringes
    Viene de Panamá—
zapatos al uso nuevo,
    Viene de Panamá—
'sotanilla a lo turquesco.°   Turkish-style cassock
    Viene de Panamá—
¿De dó viene, de dó viene?
    Viene de Panamá—

[III]
¿De dó viene el'hijo de algo?°[28]   =hidalgo
2260   Viene de Panamá,
Corto cuello,[29] y puños° largos,   cuffs
    Viene de Panamá,
la daga en la banda colgando,
    Viene de Panamá,
guante de ámbar adobado,[30]
    Viene de Panamá,

---

[26] Here begins a new section of the song, lines 2241-58, characterized by the octosyllabic *estribillo* (chorus line) "Viene de Panamá" in every other line. The other lines are also octosyllabic, with *rima asonante* in e-o.

[27] **Griguiesco=gregüesco.** This was a type of wide-legged pants. Since he is wearing them on his arms, we may assume that the song is comparing his enormous sleeves to the pant legs of a *gregüesco*. (Marín 151-152).

[28] A new section begins here and continues until line 2280. This section has the same *estribillo* as the previous section, but the other lines switch to *rima asonante* in a-o.

[29] **Corto cuello** *short collar.* This was the simpler type of collar without the ruffles that would come into fashion later in the seventeenth century.

[30] **Guante de...** *glove perfumed with amber*

gran 'jugador del vocablo,°   maker of puns
Viene de Panamá,
no da dinero, y da manos,
2270   Viene de Panamá—
enfadoso y malcriado;
Viene de Panamá—
es Amor, llámase indiano,
Viene de Panamá—
es chapetón[31] castellano,
Viene de Panamá—
en criollo[32] disfrazado.
Viene de Panamá—
¿De dó viene, de dó viene?
2280   Viene de Panamá—

[IV]
¡O qué bien parece Amor[33]
con las cadenas y galas!°   fine clothing
que sólo el dar enamora,
porque es cifra° de las gracias.   sign
Niñas, doncellas, y viejas
van a buscarle a su casa,
más importunas que moscas,
en viendo que hay miel de plata.
Sobre cuál le ha de querer,
2290   de vivos celos se abrasan,
y alrededor de su puerta
unas tras otras le cantan:
¡Deja las avellanicas,° moro!°   little hazelnuts, Moor
Que yo me las vareará—°[34]   knock down with a stick

---

[31] **Chapetón** "the name given to a Spaniard returning from the Indies, and, generally, in poverty" (Schevill 326).
[32] **Criollo** *Creole*. This is someone of purely European descent born in the New World.
[33] This section, lines 2281-94, drops the *estribillo* and returns to *rima asonante* in a-a.
[34] This chorus line is a little out of context here. Schevill explains that it had been used in Lope's earlier *El villano en su rincón*, in the context of gathering olives. "The surmise is justified that having met with great applause in *El villano en su rincón*... the dance with its refrain was reintroduced in *La dama boba*" (326).

[V]
El Amor se ha vuelto godo:°³⁵   vain
  Que yo me las varearé—
puños largos, cuello corto,
2300   *Que yo me las varearé—*
sotanilla, y liga° de oro,   garter
  Que yo me las varearé—
sombrero, y zapato romo,°   square-toed
  Que yo me las varearé—
manga ancha, calzón° angosto.   breeches
  Que yo me las varearé—
Él habla mucho, y da poco,
  Que yo me las varearé—
es viejo, y dice que es mozo,
2310   *Que yo me las varearé—*
es cobarde y matamoros.°   braggart
  Que yo me las varearé—
Ya se descubrió los ojos.
  Que yo me las varearé—
¡Amor loco, y amor loco!
  Que yo me las varearé—
Yo por vos, y vos por otro!
  Que yo me las varearé—
¡Deja las avellanicas, moro!
2320   *Que yo me las varearé.—*

MISENO   ¡Gallardamente, por cierto!
              Dad gracias al cielo, Otavio,
              que os satisfizo el agravio.

OTAVIO   Hagamos este concierto°   arrangement
              de Duardo con Nise.³⁶
              Hijas, yo tengo que hablaros.

FINEA   Yo nací para agradaros.
              ¿Quién hay que mi dicha crea?

---

³⁵ The section from here until the end of the song is characterized by the
new *estribillo* "Que yo me…" with o-o rhyme in the other lines.
³⁶ In the autograph Lope accidently put "Finea" instead of "Nise."
Interestingly, this correction destroys the rhyme with "crea" in line 2328.

Éntrense todos, y queden allí Liseo y Turín

LISEO	Oye, Turín…
TURÍN	¿Qué me quieres?

2330 LISEO   Quiérote comunicar
          un nuevo gusto.

TURÍN   Si es dar
          sobre tu amor pareceres,
          busca un letrado° de amor.   expert

LISEO   Yo he mudado parecer.

TURÍN   'A ser° dejar de querer   =si fuera
          a Nise, fuera 'el mejor.°   =el mejor *parecer*

LISEO   El mismo; porque Finea
          me ha de vengar de su agravio.

TURÍN   No te tengo por tan sabio,
2340   que tal discreción te crea.[37]

LISEO   De nuevo quiero tratar
          mi casamiento; allá voy.

TURÍN   De tu parecer estoy.

LISEO   Hoy me tengo de vengar.

TURÍN   Nunca ha de ser el casarse[38]
          por vengarse de un desdén;
          que nunca se casó bien
          quien se casó por vengarse.
          Porque es gallarda Finea,
2350   y porque el seso cobró,
          —pues de Nise no sé yo
          que tan entendida sea—
          será bien casarte luego.°   soon

---

[37] **No te…** "*I do not think that you can be / wise enough to be that discreet*" (Oppenheimer 71).

[38] The manuscript has an extra "de" before "casarse," which most editors eliminate for the sake of both sense and meter.

LISEO	Miseno ha venido aquí; algo tratan contra mí.

TURÍN	Que lo mires bien, te ruego.

LISEO	No hay más; a pedirla voy.

Váyase Liseo

	TURÍN	El cielo tus pasos guíe, y del error te desvíe
2360		en que yo por Celia estoy.[39]
		¡Que enamore amor un hombre como yo! Amor desatina.[40]
		¡Que una ninfa° de cocina, nymph para blasón° de su nombre heraldry ponga: "Aquí murió Turín, entre sartenes° y cazos!"° frying pans, saucepans

Salgan Laurencio y Pedro.

LAURENCIO	Todo es poner embarazos,° obstacles para que no llegue al fin.

PEDRO	Habla bajo, que hay escuchas.° eavesdroppers

LAURENCIO	¡Oh Turín!

2370	TURÍN	Señor Laurencio.

LAURENCIO	¿Tanta quietud y silencio?

TURÍN	Hay obligaciones muchas para callar un discreto, y yo muy discreto soy.

LAURENCIO	¿Qué hay de Liseo?

TURÍN	A eso voy: fuése a casar.

---

[39] **El cielo...** "*May heaven guide your steps and lead you from the error I made with Celia*" (Oliver 137).

[40] **¡Que enamore...** *to think that a man such as I should fall in love! Love makes you do crazy things*

PEDRO   Buen secreto.

TURÍN   Está tan enamorado
               de la señora Finea,
               si no es que venganza sea
2380   de Nise, que me ha jurado,
               que luego se ha de casar;
               y es ido a pedirla a Otavio.

LAURENCIO   Podré yo llamarme a agravio.

TURÍN   Pues ¿él os puede agraviar?

LAURENCIO   ¿Las palabras suelen darse
               para no cumplirlas?

TURÍN   No.

LAURENCIO   De no casarse la° dio.   =la *palabra*

TURÍN   Él no la quiebra en casarse.

Laureneio.   ¿Cómo?

TURÍN   Porque él no se casa
2390   con la que solía ser,
               sino con otra mujer.

LAURENCIO   ¿Cómo es otra?

TURÍN   Porque pasa
               del no saber al saber,
               y con saber le obligó.
               ¿Mandáis otra cosa?

LAURENCIO   No.

TURÍN   Pues adiós.[41] [*váyase Turín*]

LAURENCIO   ¿Qué puedo hacer?
               ¡Ay Pedro! Lo que temí,
               y tenía sospechado
               del ingenio que ha mostrado
2400   Finea se cumple aquí.

---

[41] The manuscript mistakenly gives this line to Laurencio.

Como la ha visto Liseo
tan discreta, la afición
ha puesto en la discreción.

PEDRO   Y en el oro algún deseo.
Cansóle la bobería;
la discreción le animó.

Entre Finea

FINEA   ¡Clara, Laurencio, me dio
nuevas de tanta alegría!
Luego° a mi padre dejé,   immediately
2410   y aunque ella me lo callara,
yo tengo quien me avisara,
que es el alma que te ve
por mil vidros y cristales,
por donde quiera que vas,
porque en mis ojos estás
con memorias inmortales.[42]
Todo este grande lugar
tiene colgado de espejos
mi amor, juntos y parejos,°   similar
2420   para poderte mirar.
Si vuelvo el rostro allí, veo
tu imagen; si a estotra° parte,   =esta otra
también; y ansí viene a darte
nombre de sol mi deseo;
que en cuantos espejos mira
y fuentes° de pura plata,   fountains
su bello rostro retrata,
y su luz divina espira.°   exhales

LAURENCIO ¡Ay Finea! '¡A Dios pluguiera°   if only it had pleased
2430   que nunca tu entendimiento   God
llegara, como ha llegado,
a la mudanza que veo!
Necio me tuvo seguro,

---

[42] **Y aunque…** *and even if she (Clara) had kept it a secret, I still would have had something to notify me: my soul, which sees you through a thousand glasses and crystals wherever you go, because you are in my eyes with immortal memories*

y sospechoso discreto,[43]
porque yo no te quería
para pedirte consejo.
¿Qué libro esperaba yo
de tus manos? ¿En qué pleito°   legal dispute
habías jamás de hacerme
2440   información en derecho?°   law
Inocente te quería,
porque una mujer cordero°   lamb
es tusón° de su marido,   fleece
que puede traerla al pecho.[44]
Todas habéis° lo que basta;   =tenéis
para casada, a lo menos,
no hay mujer necia en el mundo,
porque el no hablar no es defeto.
Hable la dama en la reja,°   window grating
2450   escriba, diga concetos
en el coche, en el estrado,°   guest chamber
de amor, de engaños, de celos;
pero la casada sepa
de su familia el gobierno,°   management
porque el más discreto hablar
no es sancto° como el silencio.   =santo
Mira el daño que me vino
de transformarse tu ingenio,
pues va a pedirte, ¡ay de mí!
2460   para su mujer Liseo.
Ya deja a Nise, tu hermana;
él se casa, yo soy muerto.
¡Nunca 'plega a Dios° hablaras!   would to God

FINEA   ¿De qué me culpas, Laurencio?
A pura imaginación
del alto merecimiento
de tus prendas° aprendí   good qualities

---

[43] **Necio me…** *your foolishness made me feel secure, and your intelligence makes me feel suspicious.* Both **necio** and **discreto** modify **entendimiento.**

[44] Schevill explains, "The reference is both to the Golden Fleece, and to the Order *del Tusón*; the idea, that a meek woman is an honor and ornament (like the Order of the Golden Fleece) is common in Lope's time" (328).

(handwritten: he has inspired her to learn)

el que tú dices que tengo.
Por hablarte supe hablar,
2470   vencida de tus requiebros;
por leer en tus papeles,
libros difíciles leo;
para responderte escribo.
No he tenido otro maestro
que amor, amor me ha enseñado.
Tú eres la ciencia que aprendo.
¿De qué te quejas de mí?

LAURENCIO   De mi desdicha me quejo.
Pero, pues ya sabes tanto,
2480   dame, señora, un remedio.

FINEA   El remedio es fácil.

LAURENCIO   ¿Cómo?

FINEA   Si, porque mi rudo ingenio,
que todos aborrecían,°   loathed
se ha transformado en discreto,
Liseo me quiere bien,
con volver a ser tan necio
como primero le° tuve,   =el *ingenio*
me aborrecerá Liseo

(handwritten: she will pretend to be dim witted again)

LAURENCIO   ¿Pues sabrás fingirte boba?

2490 FINEA Sí; que lo fui mucho tiempo,
y el lugar donde se nace
saben andarle los ciegos.
Demás desto, las mujeres
naturaleza tenemos
tan pronta para fingir,
o con amor, o con miedo,
que antes de nacer fingimos.

LAURENCIO   ¿Antes de nacer?

FINEA   Yo pienso
que en tu vida lo has oído.
Escucha.

2500 LAURENCIO   Ya escucho atento.

FINEA   Cuando estamos en el vientre°   womb
                   de nuestras madres, hacemos
                   entender a nuestros padres,
                   para engañar sus deseos,
                   que somos hijos varones,°   male
                   y así verás que, contentos,
                   acuden a sus antojos
                   con amores, con requiebros.
                   Y esperando el mayorazgo°   male heir
2510   tras tantos regalos hechos,
                   sale una hembra° que corta   female
                   la esperanza del suceso.
                   Según esto, si pensaron
                   que era varón, y hembra vieron,
                   antes de nacer fingimos.

LAURENCIO   Es evidente argumento.
                   Pero yo veré si sabes
                   hacer, Finea, tan presto
                   mudanza de extremos tales.

2520 FINEA   Paso; que viene Liseo.

LAURENCIO   Allí me voy a esconder.

FINEA   Ve presto.

LAURENCIO   Sígueme, Pedro.

PEDRO   En muchos peligros andas.

LAURENCIO   Tal estoy, que no los siento.

Escóndense Laurencio y Pedro. Entre Liseo con Turín.

LISEO   En fin queda concertado.

TURÍN   En fin estaba del cielo
                   que fuese tu esposa.

LISEO   [*Aparte*]   (Aquí

está mi primero dueño.)[45]
¿No sabéis, señora mía,
2530   cómo ha tratado Miseno
casar a Duardo y Nise,
y cómo yo también quiero
que se hagan nuestras bodas
con las suyas?

FINEA   No lo creo;
que Nise ha dicho a mí,
que está casada en secreto
con vos.

LISEO   ¿Conmigo?

FINEA   No sé,
si érades° vos, o Oliveros.[46]   =erais
¿Quién sois vos?

LISEO   ¿Hay tal mudanza?

2540 FINEA ¿Quién decís? que no me acuerdo.
Y si mudanza os parece,
¿cómo no veis que en el cielo
cada mes hay nuevas lunas?

LISEO   ¡Válgame el cielo! ¿Qué es esto?

TURÍN   ¿Si le vuelve el mal pasado?

FINEA   Pues decidme: si tenemos
luna nueva cada mes,
¿adónde están? ¿qué se han hecho
las viejas° de tantos años?   =viejas lunas
¿' Daisos por vencido?°   do you give up?

2550 LISEO   [Aparte]   (Temo

---

[45] **Primero dueño** *first mistress*. He is referring to Finea. In Golden Age
Spanish **dueño** in the masculine form meant *mistress*, as in the owner of a
slave. It was used metaphorically in courtly love poetry to refer to the
noblewoman that a man is in love with. **Dueña** in the feminine form was
an elderly lady who watched over a young noblewoman.

[46] Oliveros was a famous character from the time of Charlemagne (eighth
century) who was celebrated in ballads and chivalry romances.

que era locura su mal.)

FINEA   Guárdanlas para remiendos
de las que salen menguadas.[47]
Veis ahí que sois un necio.

LISEO   Señora, mucho me admiro
de que ayer tan alto ingenio
mostrásedes.

FINEA   Pues, señor,
agora ha llegado al vuestro;[48]
que la mayor discreción

2560   es acomodarse al tiempo.

LISEO   Eso dijo el mayor sabio.

PEDRO   Y esto escucha el mayor necio. [*escondido*]

LISEO   Quitado me habéis el gusto.

FINEA   No he tocado a vos, por cierto;
mirad que se habrá caído.[49]

LISEO   [*Aparte*] (¡Linda ventura tenemos!
Pídole a Otavio a Finea,
y cuando a decirle vengo
el casamiento tratado,

2570   hallo que 'a su ser se ha vuelto.°)   *she is her old self again*
Volved, mi señora, en vos,
considerando que os quiero
por mi dueño para siempre.

FINEA   ¿Por mi dueña,[50] majadero?

LISEO   ¿Así tratáis un esclavo
que os da el alma?

FINEA   ¿Cómo es eso?

---

[47] **Guárdanlas para…** *they save them to make patches for the ones that come out waned*

[48] **Agora ha…** *now it* (ingenio) *has caught up with yours*

[49] **Se habrá…** *it has probably fallen.* Refers to **gusto.**

[50] See note 45.

LISEO	Que os doy el alma.
FINEA	¿Qué es alma?
LISEO	¿Alma? El gobierno del cuerpo.
FINEA	¿Cómo es un alma?
LISEO	Señora,

2580
como filósofo° puedo   philosopher
difinirla, no pintarla.

FINEA   ¿No es alma la que en el peso°   scale
le pintan a san Miguel?[51]

LISEO   También a un ángel ponemos
alas y cuerpo, y, en fin,
es un espíritu bello.

FINEA   ¿Hablan las almas?

LISEO   Las almas
obran por los instrumentos,
por los sentidos y partes
2590
de que se organiza el cuerpo.

FINEA   ¿Longaniza° come el alma?   sausage

TURÍN   ¿En qué te cansas?

LISEO   No puedo
pensar, sino que es locura.

TURÍN   Pocas veces de los necios
se hacen los locos, señor.

LISEO   ¿Pues de quién?

TURÍN   De los discretos;
porque de diversas causas
nacen efetos diversos.

LISEO   ¡Ay Turín! Vuélvome a Nise.
2600
Más quiero el entendimiento,
que toda la voluntad.

the desires
knowledge

---

[51] Saint Michael was often depicted weighing souls on a scale.

Señora, pues mi deseo,
que era de daros el alma,
no pudo tener efeto,
quedad con Dios.

FINEA   Soy medrosa°   fearful
de las almas, porque temo
que de tres que andan pintadas
puede ser la del infierno.[52]
La noche de los difuntos[53]
2610   no saco de puro miedo
la cabeza de la ropa.

TURÍN   Ella es loca sobre necio,
que es la peor guarnición.°   adornment

LISEO   Decirlo a su padre quiero.

Váyanse Liseo y Turín, y salgan Laurencio y Pedro

LAURENCIO ¿Puedo salir?

FINEA   ¿Qué te dice?°   =¿qué te parece?

LAURENCIO Que ha sido el mejor remedio
que pudiera imaginarse.

FINEA   Sí; pero siento en extremo
volverme a boba, aun fingida.
2620   Y pues fingida lo siento,
los que son bobos de veras
¿Cómo viven?

LAURENCIO   No sintiendo.
Pues si un tonto ver pudiera
su entendimiento en un espejo,
¿no fuera huyendo de sí?
La razón de estar contentos
es aquella confianza

---

[52] **De tres...** *of three souls that show up in paintings, one could be the one in Hell.* The three kinds of souls that appeared in paintings were the ones in Hell, Purgatory, or Paradise.
[53] **La noche...** *All Hallows Eve.* This is the night before All Saints Day, celebrated on November 1. It is where we get the English word *Halloween*.

de tenerse por discretos.[54]

FINEA   Háblame, Laurencio mío,
2630   sutilmente, porque quiero
             desquitarme° de ser boba.   make up for

Entre Nise, y Celia

NISE   Siempre Finea y Laurencio
             juntos: sin duda se tienen
             amor; no es posible menos.

CELIA   Yo sospecho que te engañan.

NISE   Desde aquí los escuchemos.

LAURENCIO   ¿Qué puede, hermosa Finea,
             decirte el alma, aunque sale
             de sí misma, que se iguale
2640   a lo que mi amor desea?
             Allá mis sentidos tienes:
             escoge de lo sutil,
             presumiendo que en abril
             por amenos° prados vienes.   pleasant
             Corta las diversas flores,
             porque en mi imaginación
             tales los deseos son.

NISE   ¿Éstos, Celia, son amores,
             o regalos° de cuñado?   pleasantries

2650 CELIA   Regalos deben de ser,
             pero no quisiera ver
             cuñado tan regalado.

FINEA   ¡Ay Dios! ¡Si llegase día
             en que viese mi esperanza
             su posesión!

LAURENCIO   ¿Qué no alcanza
             una amorosa porfía?

PEDRO   Tu hermana escuchando.

---

[54] **Tenerse por...** *believing themselves to be intelligent*

LAURENCIO   ¡Ay cielos!

FINEA   Vuélvome a boba.

LAURENCIO   Eso importa.

FINEA   Vete.

NISE   Espérate, reporta
           los pasos.

2660 LAURENCIO   ¿Vendrás con celos?

NISE   Celos son para sospechas;
               traiciones son las verdades.[55]

LAURENCIO ¡Qué presto te persuades,
           y de engaños te aprovechas!
           ¿Querrás buscar ocasión
           para querer a Liseo,
           a quien ya tan cerca veo
           de tu boda y posesión?
           Bien haces, Nise, haces bien.
2670   Levántame un testimonio,
           porque deste matrimonio
           a mí la culpa me den.[56]
           Y si te quieres casar,
           déjame a mí. [*Váyase*]

NISE   Bien me dejas.
           Vengo a quejarme, y te quejas.
           ¿Aun no me dejas hablar?

PEDRO   Tiene razón mi señor:
           cásate, y acaba ya. [*váyase*]

NISE   ¿Qué es aquesto?

CELIA   Que se va
2680   Pedro con el mismo humor,

---

[55] **Celos son…** *"Jealousy is made of suspicions, but facts define treachery"* (Oliver 151).
[56] **Levántame un…** *bear false witness against me so that they blame me for this marriage*

                    y aquí viene bien que Pedro
                    es tan ruin como su amo.

NISE   Ya le aborrezco y desamo.
                    ¡Qué bien con las quejas medro!
                    Pero fue linda invención
                    anticiparse a reñir.

CELIA   Y el Pedro, ¿quién le vio ir
                    tan bellaco° y socarrón?°   *villainous, crafty*

NISE   Y tú, que disimulando
2690   estás la traición que has hecho,
                    lleno de engaños el pecho,
                    con que me estás abrasando,
                    pues como sirena° fuiste   *mermaid*
                    medio pez, medio mujer,
                    pues de animal a saber
                    para mi daño veniste,[57]
                    ¿piensas que le has de gozar?

FINEA   ¿Tú me has dado pez a mí,
                    ni sirena, ni yo fui
2700   jamás contigo a la mar?
                    Anda, Nise; que estás loca.

NISE   ¿Qué es esto?

CELIA   A tonta se vuelve.

NISE   A una cosa 'te resuelve:°   **=resuélvete**
                    tanto el furor me provoca,
                    que el alma te he de sacar.

FINEA   ¿Tienes 'cuenta de perdón?°   *papal indulgence*

NISE   Téngola° de tu traición,   **=cuenta** *awareness*
                    pero no de perdonar.
                    ¿El alma piensas quitarme
2710   en 'quien el alma tenía?°   *refers to Laurencio*
                    Dame el alma que solía,

---

[57] **Pues de…** *since you changed from an animal to an intelligent being in order to hurt me*

	traidora hermana, animarme.	
	Mucho debes de saber,	
	pues del alma me desalmas.°	violently wrench away
FINEA	Todos me piden sus almas;	
	almario[58] debo de ser.	
	Toda soy hurtos° y robos.	thefts
	Montes hay donde no hay gente:	
	yo me iré a meter serpiente.	
2720 NISE	Que ya no es tiempo de bobos.	
	Dame el alma.	

Entren Otavio con Feniso y Duardo

OTAVIO	¿Qué es aquesto?
FINEA	Almas me piden a mi. ¿Soy yo purgatorio?
NISE	Sí.
FINEA	Pues procura salir presto.
OTAVIO	¿No sabremos la ocasión de vuestro enojo?
FINEA	Querer Nise, a fuerza de saber, pedir lo que no es razón: almas, sirenas, y peces
2730	dice que me ha dado a mí.
OTAVIO	¿Hase vuelto a boba?
NISE	Sí.
OTAVIO	Tú pienso que la embobeces.
FINEA	Ella me ha dado ocasión; que me quita lo que es mío.
OTAVIO	Se ha vuelto a su desvarío.°
	Muerto soy.

madness (margin gloss)

The daughter is madness *(handwritten annotation)*

---

[58] Although **almario** means *closet*, Finea uses it to mean *keeper of souls*.

FENISO	Desdichas son.
DUARDO	¿No decían que ya estaba con mucho seso?
OTAVIO	¡Ay de mí!
NISE	Yo quiero hablar claro.
OTAVIO	Di.

2740   NISE   Todo tu daño se acaba
                   con mandar resueltamente,°   *resolutely*
                   —pues como padre podrás,
                   y aunque en todo, en esto más
                   pues tu honor no lo consiente,
                   —que Laurencio no entre aquí.

OTAVIO	¿Por qué?
NISE	Porque él ha causado que ésta no se haya casado, y que yo te enoje a ti.
OTAVIO	Pues eso es muy fácil cosa.

2750   NISE   Pues tu casa en paz tendrás.

Entren Pedro y Laurencio

PEDRO	Contento, en efeto, estás.
LAURENCIO	Invención maravillosa.
CELIA	Ya Laurencio viene aquí.
OTAVIO	Laurencio, cuando labré esta casa, no pensé que academia instituí; ni cuando a Nise criaba, pensé que para poeta, sino que a mujer perfeta con las letras la enseñaba.

2760   Siempre alabe la opinión
                   de que la mujer prudente,

women's role

con saber medianamente,
le sobra la discreción.
No quiero más poesías,
los sonetos se acabaron,
y las músicas cesaron;
que son ya breves mis días.
Por allá los podréis dar,
2770   si os faltan telas° y rasos;°   fabrics, satins
que no hay tales Garcilasos
como dinero y callar.
Éste° venden por dos reales,   =Garcilaso de la Vega
y tiene tantos sonetos
eligantes y discretos,
que vos no los haréis tales.[59]
Ya no habéis de entrar aquí.
Con este achaque,° id con Dios.   complaint

LAURENCIO   Es muy justo, como vos
2780   me deis a mi esposa a mí.
Que vos hacéis vuestro gusto
en vuestra casa, y es bien
que en la mía yo también
haga lo que fuere° justo.   =sea

OTAVIO   ¿Qué mujer os tengo yo?

LAURENCIO   Finea.

OTAVIO   ¿Estáis loco?

LAURENCIO   Aquí
hay tres testigos del sí,°   acceptance
que ha más de un mes que me dio.

OTAVIO   ¿Quién° son?   =quiénes

LAURENCIO   Duardo, Feniso,
y Pedro,

2790 OTAVIO   ¿Es esto verdad?

---

[59] The point that Otavio is making is that if a collection of the great poet Garcilaso de la Vega's work sells for the small sum of two **reales**, then poetry is not worth much.

FENISO   Ella de su voluntad,
          Otavio, dársele quiso.

DUARDO   Así es verdad.

PEDRO   ¿No bastaba
          que mi señor lo dijese?

OTAVIO   Que como simple le diese
          a un hombre que la engañaba
          no ha de valer. Di, Finea,
          ¿no eres simple?

FINEA   Cuando quiero.

OTAVIO   ¿Y cuando no?

FINEA   No.

OTAVIO   ¿Qué espero?
2800   Mas cuando simple no sea,
          con Liseo está casada.
          A la justicia° me voy.

Váyase Otavio

NISE   Ven, Celia, tras él; que estoy
          celosa y desesperada.

y Nise y Celia

LAURENCIO   Id, por Dios, tras él los dos;
          no me suceda un disgusto.

FENISO   Por vuestra amistad es justo.

DUARDO   Mal hecho ha sido, por Dios.

FENISO   ¿Ya habláis como desposado°
          de Nise?

2810 DUARDO   Piénsolo ser.

y Duardo y Feniso

LAURENCIO   Todo se ha echado a perder.

Nise mi amor le ha contado.
¿Qué remedio puede haber,
si a verte no puedo entrar?

FINEA   No salir.

LAURENCIO   ¿Dónde he de estar?

FINEA   ¿Yo no te sabré esconder?

LAURENCIO ¿Dónde?

FINEA   En casa hay un desván°   attic
famoso para esconderte.

Clara entre

Clara...

CLARA   Mi señora...

FINEA   Advierte
2820   que mis desdichas están
en tu mano. Con secreto
lleva a Laurencio al desván.

CLARA   ¿Y a Pedro?

FINEA   También.

CLARA   Galán,
camine.

LAURENCIO   Yo te prometo
que voy temblando.

FINEA   ¿De qué?

PEDRO   Clara, en llegando la hora
de muquir,° di a tu señora   to eat
que algún sustento nos dé.

CLARA   Otro comerá peor
que tú.

2830 PEDRO   ¿Yo al desván? ¿soy gato?

Váyanse Laurencio, Pedro, y Clara

FINEA
¿Por qué de imposible trato
éste mi público amor?
En llegándose a saber
una voluntad, no hay cosa
más triste y escandalosa
para una honrada mujer.
Lo que tiene de secreto,
eso tiene amor de gusto.

Otavio entre

OTAVIO
2840 [*Aparte*] (Harélo, aunque fuera justo
poner mi enojo en efeto.)

FINEA
¿Vienes ya desenojado?

OTAVIO
Por los que me lo han pedido.

FINEA
Perdón mil veces te pido.

OTAVIO
¿Y Laurencio?

FINEA
                    Aquí ha jurado
no entrar en la Corte más.

OTAVIO
¿Adónde se fue?

FINEA
                    A Toledo.

OTAVIO
Bien hizo.

FINEA
                    No tengas miedo
que vuelva a Madrid jamás.

OTAVIO
Hija, pues simple naciste,
2850 y por milagros° de amor   miracles
dejaste el pasado error,
¿cómo el ingenio perdiste?

FINEA
¿Qué quiere, padre? A la fe,
de bobos no hay que fiar.°   trust

OTAVIO
Yo lo pienso remediar.

FINEA
¿Cómo, si el otro se fue?

OTAVIO   Pues te engañan fácilmente
los hombres, en viendo alguno,
te has de esconder; que ninguno
2860   te ha de ver eternamente.

FINEA   Pues ¿dónde?

OTAVIO   En parte secreta.

FINEA   ¿Será bien en un desván,
donde los gatos están?
¿Quieres tú que allí me meta?

OTAVIO   Adonde te diere gusto,
como ninguno te vea.

FINEA   Pues alto,° en el desván sea: halt
tú lo mandas, será justo.
Y advierte que lo has mandado.

OTAVIO   Una y mil veces.

Entren Liseo y Turín

2870 LISEO   Si quise
con tantas veras a Nise,
mal puedo haberla olvidado.

FINEA   Hombres vienen. Al desván,
padre, yo voy a esconderme.

OTAVIO   Hija, Liseo no importa.

FINEA   Al desván, padre; hombres vienen.

OTAVIO   Pues ¿no ves que son de casa?

FINEA   No yerra° quien obedece.   err
No me ha de ver hombre más
2880   sino quien mi esposo fuere.

Váyase Finea

LISEO   Tus disgustos he sabido.

OTAVIO   Soy padre.

LISEO   Remedio puedes
                 poner en aquestas cosas.

OTAVIO   Ya le he puesto, con que dejen
                 mi casa los que la inquietan.

LISEO   Pues ¿de qué manera?

OTAVIO   Fuése
                 Laurencio a Toledo ya.

LISEO   ¡Qué bien has hecho!

OTAVIO   ¿Y tú crees
                 vivir aquí sin casarte?
2890   Porque el mismo inconveniente
                 se sigue de que aquí estés.
                 Hoy hace, Liseo, dos meses
                 que me traes en palabras.

LISEO   ¡Bien mi término° agradeces!   _conduct_
                 Vengo a casar con Finea,
                 forzado de mis parientes,
                 y hallo una simple mujer.
                 ¿Que la quiera, Otavio, quieres?

OTAVIO   Tienes razón; acabóse.
2900   Pero es limpia, hermosa, y tiene
                 tanto doblón que podría
                 doblar el mármol más fuerte.[60]
                 ¿Querías cuarenta mil
                 ducados con una fénix?[61]
                 ¿Es coja° o manca° Finea?   lame, one-handed
                 ¿Es ciega? Y cuando lo fuese,
                 ¿hay falta en naturaleza
                 que con oro no 'se afeite?°   is covered up

LISEO   Dame a Nise.

---

[60] **Y tiene...** *and she has so much money that she could bend the strongest marble.*
This a play on the word **doblón**, which is a gold coin, and **doblar**, which
is *to bend.*
[61] In this context, a Phoenix represents an impossible desire (Hesse 285).

OTAVIO	No ha dos horas
2910	que Miseno la promete
	a Duardo en nombre mío.
	Y pues hablo claramente,
	hasta mañana a estas horas
	te doy para que lo pienses,
	porque de no te casar,
	para que en tu vida entres
	por las puertas de mi casa
	que tan enfadada tienes,
	haz cuenta que eres poeta.[62]

Váyase Otavio

LISEO   ¿Qué te dice...

2920 TURÍN   Que te aprestes,
y con Finea te cases;
porque si veinte° mereces,   =veinte *ducados*
por que° sufras una boba   =para que
te añaden los otros veinte.[63]
Si te dejas de casar,
te han de decir más de siete:
"¡Miren la bobada!"

LISEO   Vamos;
que mi temor se resuelve
de no se casar a bobas.

2930 TURÍN   Que se casa me parece
a bobas quien sin dineros
en tanta costa se mete.

Váyanse, y entren Finea y Clara

FINEA   Hasta agora bien nos va.

CLARA   No hayas° miedo que se entienda.   =tengas

FINEA   ¡Oh cuánto a mi amada prenda

---

[62] **Porque de...** *because if you do not marry, for you to ever enter the doors of this house that you have set into such an uproar, you might as well be a poet.* Keep in mind Otavio's low regard for poets.

[63] Remember that Finea's dowry is forty thousand ducats.

deben mis sentidos ya!

CLARA ¡Con la humildad que se pone
en el desván!

FINEA No te espantes;
que es propia casa de amantes,
2940 aunque Laurencio perdone.

CLARA ¡Y quién no vive en desván
de cuantos hoy han nacido!

FINEA Algún humilde que ha sido
de los que en lo bajo están.

CLARA En el desván vive el hombre
que se tiene por más sabio
que Platón.

FINEA Hácele agravio;
que fue divino su nombre.

CLARA En el desván el que anima
2950 a grandezas su desprecio;
en el desván más de un necio
que por discreto se estima.

FINEA ¿Quieres que te diga yo
como es falta natural
de necios no pensar mal
de sí mismos?

CLARA ¿Cómo no?

FINEA La confianza secreta
tanto el sentido les roba,
que, cuando era yo muy boba,
2960 me tuve por muy discreta.
Y como es tan semejante
el saber con la humildad,
ya que tengo habilidad,
me tengo por inorante.

CLARA En el desván vive bien

un matador criminal,
cuya muerte natural
ninguno, o pocos la ven.
En el desván de mil modos,
2970 y sujeto a mil desgracias,
aquel que diciendo gracias°   witticisms
es desgraciado con todos.
En el desván una dama,
que creyendo a quien la inquieta,
por un hora de discreta,
pierde mil años de fama.[64]
En el desván un preciado
de lindo, y es un caimán;
pero tiénele el desván
2980 como el espejo engañado.[65]
En el desván el que canta
con voz de 'carro de bueyes,°   ox cart
y el que viene de Muleyes,[66]
y a los godos se levanta.[67]
En el desván el que escribe
versos legos y donados,[68]
y el que por vanos cuidados
sujeto a peligros vive.
Finalmente…

FINEA   Espera un poco;
2990 que viene mi padre aquí.

---

[64] **En el…** "*To the attic with any dame / that will lose a thousand years of fame, / because she does believe whoever / for just one hour makes her feel clever*" (Oppenheimer 90).

[65] **Un preciado…** *one who believes himself to be a dandy while he is actually a scoundrel, but the attic, like the mirror, has him deceived*

[66] Marín explains that **Muleyes** are descendents of Moors who claim to come from Christian families. He says that **Muley** is an Arabic title equivalent to **don** (178).

[67] **A los…** *presumes nobility.* The Goths ruled Spain before the Moorish invasion of 711 and were later seen as the epitome of Old Christian (i.e. *not* Moorish) nobility.

[68] **Versos legos…** Hesse explains that these are "uncultivated verses such as might be written by a layman or a lay brother (who normally have little or no learning)" (286).

Entren Otavio, Miseno, Duardo, Feniso

MISENO	¿Eso le dijiste?

OTAVIO   Sí;
que a tal furor me provocó.
No ha de quedar ¡vive el cielo!
en mi casa quien me enoje.

FENISO   Y es justo que 'se despoje°   be cleared
de tanto necio mozuelo.

OTAVIO   Pidióme graciosamente
que con Nise le casase;
díjele que no pensase
3000   en tal cosa eternamente,
y así estoy determinado.

MISENO   Oíd; que está aquí Finea.

OTAVIO   Hija, escucha.

FINEA   Cuando vea,
como me lo habéis mandado,
que estáis solo.

OTAVIO   Espera un poco;
que te he casado.

CLARA   ¿Que nombres
casamiento donde hay hombres?

OTAVIO   Luego ¿tenéisme por loco?

FINEA   No, padre; mas hay aquí
3010   hombres, y voyme al desván.

OTAVIO   Aquí por tu bien están.

FENISO   Vengo a que os sirváis de mí.

FINEA   ¡Jesús, señor! ¿No sabéis
lo que mi padre ha mandado?

MISENO   Oye; que hemos concertado
que os caséis.

| FINEA | Gracia tenéis. |

FINEA   Gracia tenéis.
No ha de haber hija obediente
como yo: voyme al desván.

MISENO   Pues ¿no es Feniso galán?

3020 FINEA   ¡Al desván, señor pariente!

Váyanse Finea y Clara

DUARDO   ¿Cómo vos le habéis mandado
que de los hombres se esconda?

OTAVIO   No sé, por Dios, qué os responda.
Con ella estoy enojado,
o con mi contraria estrella.[69]

MISENO   Ya viene Liseo aquí.
Determinaos.

OTAVIO   Yo por mí,
¿qué puedo decir sin ella?

Entren Liseo, Nise y Turín

LISEO   Ya que me parto de ti,
3030   sólo quiero que conozcas
lo que pierdo por quererte.

NISE   Conozco que tu persona
merece ser estimada,
y como mi padre agora
venga bien en que seas mío,
yo me doy por tuya toda;[70]
que en los agravios de amor
es la venganza gloriosa.

LISEO   ¡Ay Nise, nunca te vieran
3040   mis ojos, pues fuiste sola
de mayor incendio en mí,

---

[69] **O con...** *or with my unlucky star*
[70] **Y como...** *and if my father approves that you be mine, I give myself to you completely*

que fue Elena para Troya![71]
Vine a casar con tu hermana,
y en viéndote, Nise hermosa,
mi libertad salteaste,°   you robbed
del alma preciosa joya.
Nunca más el oro pudo
con su fuerza poderosa,
que ha derribado montañas
3050   de costumbres generosas,
humillar mis pensamientos
a la bajeza que doran
los resplandores, que a veces
ciegan tan altas personas.[72]
Nise, duélete de mí,
ya que me voy.

TURÍN   Tiempla agora,
bella Nise, tus desdenes:
que se va amor por la posta
a la casa del agravio.

3060 NISE   Turín, las lágrimas solas
de un hombre han sido en el mundo
veneno para nosotras.
No han muerto tantas mujeres
de fuego, yerro, y ponzoña,°   poison
como de lágrimas vuestras.

TURÍN   Pues mira un hombre que llora.
¿Eres tu bárbara° tigre?   savage
¿Eres pantera? ¿Eres onza?
¿Eres duende?° ¿Eres lechuza?°   goblin, owl

---

[71] **Pues fuiste...** *since you alone caused greater fire in me than Helen did in Troy.*
The Trojan War described in Homer's *Illiad* was caused by the kidnapping
of Helen by Paris, the prince of Troy. Troy was subsequently burned to the
ground by the Greeks led by Agamemnon, brother of Menelaus, Helen's
husband.
[72] **Nunca más...** *"Not even gold, with a strength that can tear down the mountains
of society, has ever been able to humble my thoughts and gild them with the cheap luster
that so often blinds the mighty"* (Oliver 173).

3070   ¿Eres Circe? ¿Eres Pandorga?[73]
                       ¿Cuál de aquestas cosas eres,
                       que no estoy bien en historias?

NISE   ¿No basta decir que estoy
                       rendida?°   won over (in love)

Entre Celia

CELIA   Escucha, señora.

NISE   ¿Eres Celia?

CELIA   Sí.

NISE   ¿Qué quieres?
                       Que ya todos se alborotan
                       de verte venir turbada.

OTAVIO   Hija, ¿qué es esto?

CELIA   Una cosa
                       que os ha de poner cuidado.

OTAVIO   ¿Cuidado?

3080 CELIA   Yo vi que agora
                       llevaba Clara un tabaque°   basket
                       con dos perdices,° dos lonjas,°   partridges, slices of ham
                       dos gazapos,° pan, toallas,   rabbits
                       cuchillo, salero° y bota.°   salt shaker, wine skin
                       Seguíla, y vi que al desván
                       caminaba.

OTAVIO   Celia loca,
                       para la boba sería.

FENISO   ¡Qué bien que comen las bobas!

OTAVIO   Ha dado en irse al desván,
3090   porque hoy le dije a la tonta que,
                       para que no la engañen,

---

[73] Turín confuses **pandorga**, meaning *fat woman*, with Pandora, the
mythological wife of Epimetheus who opened a box releasing all of the
world's evils.

en viendo un hombre se esconda.

CELIA   Eso fuera, a no haber sido
para saberlo curiosa.
Subí tras ella, y cerró
la puerta.

MISENO   Pues bien, ¿qué importa?

CELIA   ¿No importa, si en aquel suelo,
como si fuera una alfombra,
de las que la primavera
3100   en prados fértiles borda,°   embroiders
tendió unos blancos manteles,°   tablecloths
a quien hicieron corona
dos hombres, ella y Finea? [74]

OTAVIO   ¿Hombres? ¡Buena va mi honra!
¿Conocistelos?

CELIA   No pude.

FENISO   Mira bien si se te antoja,
Celia.

OTAVIO   No será Laurencio;
que está en Toledo.

DUARDO   Reporta
el enojo; yo y Feniso
subiremos.

3110 OTAVIO   Reconozcan°   let them recognize
la casa que han afrentado.°   insulted

Váyase Otavio.

FENISO   No suceda alguna cosa.

NISE   No hará; que es cuerdo mi padre.

DUARDO   Cierto que es divina joya
el entendimiento.

---

[74] **A quien...** *upon which sat two men, she, and Finea*

FENISO   Siempre
                    yerra, Duardo, el que ignora.
                    Desto os podéis alabar,
                    Nise; pues en toda Europa
                    no tiene igual vuestro ingenio.

3120 LISEO   Con su hermosura conforma.

Salga con la espada desnuda Otavio siguiendo a Laurencio,
Finea, Clara y Pedro

OTAVIO   Mil vidas he de quitar
                    a quien el honor me roba.

LAURENCIO Detened la espada, Otavio;
                    yo soy, que estoy con mi esposa.

FENISO   ¿Es Laurencio?

LAURENCIO   ¿No lo veis?

OTAVIO   ¿Quién pudiera ser agora,
                    sino Laurencio, mi infamia?°   disgrace

FINEA   Pues, padre, ¿de qué se enoja?

OTAVIO   ¡Oh infame! ¿No me dijiste
3130   que el dueño de mi deshonra
                    estaba en Toledo?

FINEA   Padre,
                    si aqueste desván se nombra
                    Toledo, verdad le[75] dije.
                    Alto está, pero no importa;
                    que más lo estaba el Alcázar[76]
                    y la puente de Segovia,[77]
                    y hubo Juanelos[78] que a él

---

[75] Notice that in this conversation Finea treats her father with extreme formality by using the third person forms, similar to modern Spanish's **usted** forms.

[76] The Alcázar is the old royal palace in Toledo.

[77] Puente de Segovia refers to the Roman aqueduct.

[78] Juanelo is the Spanish name of the Italian inventor Giovanni Turriano, who invented a device for raising water from the Tagus river to the public square (Schevill 336-37).

subieron agua sin sogas.°   ropes
¿Él° no me mandó esconder?   =usted
3140   Pues suya es la culpa toda.
¡Sola en un desván, mal año!
Ya sabe que soy medrosa.

OTAVIO   ¡Cortaréle aquella lengua!
¡Rasgaréle aquella boca!

MISENO   Éste es caso sin remedio.

TURÍN   ¿Y la Clara socarrona
que llevaba los gazapos?

CLARA   Mandómelo mi señora.

MISENO   Otavio, vos sois discreto;
3150   ya sabéis que 'tanto monta°   it is the same
cortar como desatar.

OTAVIO   ¿Cuál me aconsejáis que escoja?

MISENO   Desatar.

OTAVIO   Señor Feniso,
si la voluntad es obra,
recibid la voluntad,
y vos, Duardo, la propia;
que Finea se ha casado,
y Nise, en fin, se conforma
con Liseo, que me ha dicho
3160   que la quiere y que la adora.

FENISO   Si fue, señor, su ventura,
paciencia; que el premio gozan
de sus justas esperanzas.

LAURENCIO   Todo corre viento en popa.[79]
Daré a Finea la mano.

OTAVIO   Dádsela, boba ingeniosa.

---

[79] **Todo corre...** *Everything is right on track.* This is a common nautical metaphor from the period, referring to the speed with which a ship travels when it has a strong tailwind.

LISEO   Y yo a Nise.

OTAVIO   Vos también.

LAURENCIO Bien merezco esta vitoria;
           pues le he dado entendimiento,
3170   si ella me da la memoria
           de cuarenta mil ducados.

PEDRO   Y Pedro, ¿no es bien que coma
           algún güeso° como perro   =hueso
           de la mesa destas bodas?

FINEA   Clara es tuya.

TURÍN   Y yo, ¿nací
           donde a los que nacen lloran,
           y ríen a los que mueren?

NISE   Celia, que fue tu devota,
           será tu esposa, Turín.

3180 TURÍN   Mi bota[80] será, y mi novia.

FENISO   Vos y yo sólo faltamos.
           Dad acá esa mano hermosa.

DUARDO   Al senado° la pedid,   audience
           si nuestras faltas perdona;
           que aquí para los discretos
           da fin la *COMEDIA BOBA*.

all are paired off

---

[80] Turín puns on the word **devota** *admirer* to get the word **bota** *wine skin*.

Spanish-English Glossary

THIS GLOSSARY CONTAINS THE words in *La dama boba*. Most of the words from the play are marked by the act where they first appear. Only the meanings as they pertain to this play are given.

Verbs are listed in infinitive form, with stem changes and unusual tense forms noted in parentheses after the verb entry. Adjectives will be found in the masculine singular form.

A
ablandar to soften [2]
abonar to vouch for [3]
aborrecer to loathe [3]
abrasar to burn [1]
abrazar to embrace [2]
academia poetry club [2]
acaso perhaps [2]
acertar to succeed in, to get right [1]
achaque complaint [3]
acomodarse to adjust or accommodate oneself [3]
acudir to attend [3]
aderezar to make ready [1]
adjetivado described [1]
admirarse to wonder [2]
adobado perfumed [3]
adorar to adore [3]
advertir take notice of [3]
afable affable [2]
afeitado a man that uses perfume and make-up. [2]

afeitarse to be covered up [3]
aficionado fond [2]
afligirse to grieve over [1]
afrentar to insult [3]
afrentarse to take offense [2]
agora=ahora now [1]
agradecer to thank [2]
agraviar to offend [3]
agravio offense [1]
agua ardiente brandy [1]
aguardar to wait [1]
airado agitated, angry [1]
ajeno belonging to another [2]
ala wing [3]
alabar to praise [3]
aladar lock of hair [2]
alba daybreak [1]
alborotar to stir up, to worry [1]
albricias reward for bringing good news [1]
alcanzar to reach [1]
alegrar to make happy [2]

alemán German [1]
alhaja jewel [2]
alimentar to nourish [1]
aljaba quiver [3]
alma soul [1]
almario closet, but Finea uses it to mean "keeper of souls" [3]
almirez mortar [1]
almohada pillow [1]
alquimia alchemy [2]
alterar to disturb [1]
alto halt [3]
alzar to raise [2]
ama mistress [1]
amante lover [3]
ámbar amber [3]
ameno pleasant [3]
amistad friendship [2]
amoroso amorous, romantic [1]
anacardina a confection made of cashews believed to be good for the memory [2]
anegar to drown [1]
anegarse to be swallowed up [1]
animar to give life [2]
ansí=así thus [2]
ansia yearning [2]
anticiparse to beat someone to something [3]
antojarse to have a passing fancy [3]
apasionado devoted [1]
apeado dismounted [1]
apearse to dismount [1]
apelar to appeal [3]
aplauso applause [1]
aposento room [1]
aprenderse to catch fire [2]
aprestarse to prepare [3]

aprovechado opportunist [2]
aqueste=este this [1]
ara altar [3]
arder to burn [1]
arfil bishop (the chess piece) [1]
Aristóteles Aristotle, a Greek philosopher [2]
arrepentirse to regret [1]
arriedro vaya do not let near me [1]
arrojarse to throw oneself [1]
arromadizado congested [1]
artificio artistic style [1]
artificioso skilful [2]
asga grab (present subjunctive form of **asir**) [2]
asilla pretext [2]
asir to take hold of [1]
áspid asp (a poisonous snake) [1]
astrólogo astrologer [2]
astuto astute [1]
atreverse to dare [1]
atrevidillo daring (diminutive of **atrevido**) [2]
atrevimiento daring [2]
aumentarse to increase [1]
avellanica little hazelnut [3]
azúcar sugar [1]
bachillera educated woman [1]

B
bajeza lowness [3]
banda edge [2]
banda jewelled lace [3]
barba beard [1]
bárbaro savage [3]
basilisco basilisk (a mythological snake capable of killing with its sight) [1]

basquiña petticoat [2]
bastar to be sufficient [3]
bellaco sly [1]; villainous [3]
bestia beast [1]
billete love note [3]
bisnieta grandniece [1]
blanco target [1]
blasón heraldry [3]
bobería foolishness [1]
bobo stupid [1]
boda wedding [1]
bola ball [1]
bordar to embroider [3]
bota boot [1]; wine skin [3]
boticario apothecary [1]
bravamente severely [2]
breve brief [3]
buey ox [3]
burla joke [1]
ca the letter *k* [1]

C
caballero gentleman [1]
caballete roof peak [1]
cabrito goat kid [1]
cadaño=cada año every year [1]
cadena chain [1]; gold necklace [3]
caer to see, to notice [2]
caimán scoundrel [3]
caja box, box of candied fruit [1]
cajón drawer [2]
calidad quality [1]
calor heat [1]
calzón breeches [3]
camello camel [1]
camino road; **de—** dressed for the road [1]
campo dueling field [2]

cándido white [1]
capotillo cape [1]
cárcel prison [2]
cargo load [1]
carnestolenda person who cleans up meat scraps; carnival [1]
carro cart [3]
carta letter [3]
cartilla lesson book [1]
casamiento marriage [1]
cascabel small bell [2]
castellano Castilian [3]
castigar to punish [1]
castigo punishment [1]
casto chaste [2]
cátreda=cátedra. professorship [2]
catredático=catedrático professor [3]
cautivar to take captive or oblige [1]
cazar to hunt [1]
cazo sauce pan [3]
celestial heavenly [1]
celos jealousy [2]
celosía lattice window (although Finea uses it to mean jealousy) [2]
censo contract [1]
censurar to censure [1]
cesar to cease [2]
chamuscarse to burn oneself [2]
chapetón a Spaniard returning to Spain from the Americas, usually in poverty [3]
chinche bedbug [1]
Cicerón Cicero, a famous Roman orator [1]
cielo heaven [1]
ciencia knowledge [2]
cifra sign [3]
Circe the goddess of magic in Greek

mythology [2]
claridad clarity [1]
cobarde coward [3]
codicia greed [1]
codicioso covetous [1]
cojín pillow [2]
cojo lame [3]
col cabbage [1]
cola tail [1]
colérico mad [1]
colgado hung [3]
compás rhythm [2]
conceder to grant [1]
conceto=concepto favorable opinion
    [1]; witticism [1]
concierto arrangement [3]
concordia harmony [2]
congoja anxiety [1]
congojar to afflict [1]
conjugar to conjugate [2]
consagrar to consecrate [3]
consejo advice [3]
consonante describes a rhyme in
    which both the vowels and the
    consonants rhyme [2]
constar que to be obvious that [1]
contemplar to contemplate [1]
contento satisfaction [3]
contrapaso backstep (in dance) [2]
copo cotton ball [2]
cordero lamb [3]
cordura sanity [1]
corona crown [3]
corrido ashamed [1]
corriente current [2]
Corte court (refers to Madrid) [1]
cortesano courtesan [2]
cortesía courtesy [2]

cortinas curtains [1]
corto cuello short collar [3]
coser to sew [3]
costilla rib [2]
crecer to grow [3]
creciente waxing (a moon cycle) [2]
criada maid [1]
criar to raise (children) [3]
criollo Creole (someone of European
    descent born in the New World)
    [3]
cristal crystal [1]
cuadrado an astrological aspect in
    which two planets are 90 degrees
    apart [1]
cuadrar to please [1]
cuchillo knife [3]
cuenta de perdón papal indulgence
    [3]
cuera leather coat [1]
cuerdo prudent [1]
cuidado desire [1]
cuidado passion [2]
culpar to blame [3]
culto learned [1]
curso lesson [1]
cuyo whose [1]

D
daga dagger [3]
dama lady [1]
daño damage [2]
dar de hocicos fall on one's face [2]
dar un filo see **filo**
deletrear to spell [1]
denantes=antes before [2]
derecho law [3]
derribar to knock down [3]

desabrazar to "un-hug" [2]
desafío challenge [2]
desalmar to violently wrench away [3]
desamar to love no more [3]
desatar to undo [3]
desatinar to cause craziness [3]
desatino foolish action [2]
descanso rest [1]
desdén disdain [3]
desdeñado disdained [3]
desdicha misfortune [1]
desenamorarse to fall out of love [2]
desengañar to reveal the truth [1]
desenojado appeased [3]
desesperado desperate [3]
desgracia misfortune [2]
desgraciado unfortunate [3]
deshonra dishonor [3]
desnudarse to be unsheathed [2]
despojarse to be cleared [3]
desposado fiancé [3], groom (at a wedding) [1]
desposarse to marry [1]
desprecio contempt [2]
desquitarse to make up for [3]
desván attic [3]
desvanecer to make swoon [2]
desvanecimiento pride [1]
desvarío inconstancy [2]; madness [3]
desvelo sleeplessness [2]
desventura misfortune [1]
desviar to move away [2]
detener to stop [3]
deuda debt [2]
deudo distant relative [1]
devocionario prayer book [3]

devoto admirer [3]
diamante diamond [1]
dicha good luck [3]
diere gives (future subjunctive of **dar**) [1]
diferencia diversity [2]
diferenciar to distinguish [2]
diferir to differ [1]
difunto dead; **noche de los —** All Hallows Eve [3]
digno worthy [2]
dijérades=dijerais archaic past subjunctive form of **decir** to say or to tell.
dilatar to delay [2]
discípulo student [1]
discreto intelligent [1]
discurrir to continue talking [1]
discurso speech [1]
disfrazado disguised [3]
disgusto displeasure [3]
disimular to dissemble [1]; to bluff [2]
disparate nonsense [2]
diverso different [1]
divertirse to occupy oneself [2]
dividirse to separate oneself [2]
dó=dónde where [3]
doblar to bend [3]
doblón doubloon (a Spanish currency) [3]
docena dozen [1]
docto learned [1]
dolerse feel sorry for [3]
donado layman [3]
donaire wit [1]
doncella maiden [3]
dorar to gild [3]

dote dowry [1]

ducado ducat (a form of currency) [1]

dueña an elderly woman who watches over a young noblewoman [3]

duende goblin [3]

dueño mistress (in the chaste, courtly love sense) [3]

dureza hardness [2]

E

echarse a perder to go to waste [3]

eclipsar to get in the way of [1]

elección choice [2]

embarazo obstacle [3]

embobecer to make stupid [3]

embotarse to dull [2]

empeñar to pawn [2]

empresa undertaking [1]

enajenar to separate [2]

enamorar to woo [1]

encender to set aflame [1]

encenderse to catch on fire [1]

encogido timid [1]

encubrir to cover up [1]

endiosado haughty [3]

enfadar to anger [1]

enfadoso irritating [1]

engaño deception [1]

engendrar to cause [1]

engreírse to become vain [2]

enigma mystery [1]

enjuto dry [2]

enloquecer to make crazy [3]

enlutado mournful [1]

entendido intelligent [1]

entrambos both [1]

entrar to exit (in stage directions) [1]

érades=erais you were (the archaic imperfect form of **ser**) [3]

erre the letter *rr* [1]

escalera staircase [2]

escandaloso scandalous [3]

esclavo slave [3]

esconder to hide [3]

escritura de una renta lease contract [2]

escucha eavesdropper [3]

escuelas university [1]

escuro=oscuro obscure [1]

espada sword [2]

espantarse to be surprised [2]

espantoso frightful [1]

especia spice [1]

espejo mirror [2]

esperanza hope [1]

espina thorn [1]

espirar to exhale [3]

estopa flax [2]

estorbar to hinder [1]

estrado guest chamber [3]

estremado=extremado extremely good [1]

estribo stirrup [1]

eternamente eternally [3]

exornación rhetorical adornment [1]

F

faltar to be lacking [1]

favorecer to favor [1]

fe faith [1]; **a la —** oh my goodness! [1]

Febo Phoebus (the sun) [1]

fénix phoenix, a mythological bird believed to be reborn from its

own ashes after death [1]; a
symbol of impossible desire [3]

fiar to trust [3]

fieros threats [3]

filo edge; **dar un** — to sharpen [2]

filosofar to philosophize [2]

filósofo philosopher [3]

fingido fake [2]

fingir to pretend [3]

firmeza firmness, faithfulness [1]

flamenco Fleming [1]

floreta dance step [2]

forro coat [1]

Fortuna fortune or luck [2]

forzoso necessary [1]

frasi phrases (Italian) [1]

fraude fraud [2]

frente forehead; — **armada**
threatening aspect [1]

fuente fountain [3]

fuera outside; — **de sí** beside
himself or herself (with emotion)
[2]

fundado founded [2]

furor rage [3]

G

galán elegant [1]; young gentleman
[1]

galas fine clothing [3]

gallardía elegance [1]

gallardo elegant [1]

ganancia earning [1]

gastar to waste [2]

gatesco feline [1]

gazapo rabbit [3]

gentil charming [1]

gobierno management [3]

godo literally "Goth," but used to
mean "vain" [3]

gorrión sparrow [1]

gota drop [1]

gracia witticism [3]

grado college degree [3]

grandeza greatness [3]

grave respectable [2]

gravedad seriousness [2]

griego Greek [1]

griguiesco=gregüesco a type of
wide-legged pants [3]

grosero course [2]

guante glove [3]

guarnición adornment [3]

guarniciones harness [1]

guinda Morello cherry [1]

guisar to cook [1]

gusto pleasure [3]

H

hacienda property [1]; wealth [2]

hallar to find [1]

harto plenty [2]

hechizo magic spell [2]

hembra female [3]

heredar to inherit [1]

hiciere future subjunctive form of
hacer to make or to do [1]

hidalgo gentleman; noble, noble-
sounding [1]

hijo de algo=hidalgo [3]

hilar to spin thread [2]

hocico snout [1]

holanda linen [3]

holgar to take pleasure in, to wish
[1]

honrar to honor [1]

huélgome I am glad [2]
huésped host [1]
humildad humility [3]
humillar to humble [3]
hurto theft [3]

I
igualar to equal [1]
imágen image of a saint [1]
imperio authority [2]
impertinencia impertinence [1]
inconveniente problem [3]
indiano a Spaniard who has gone to the New World to seek his fortune and then returned to Spain [1]
Indias the Americas [1]
indigno unworthy [1]
infamia disgrace [3]
infierno Hell [3]
ingenio wit [1]
ingenioso clever [3]
ingratamente unthankfully [2]
ingrato unthankful [2]
inquietar to disturb [3]
inquietud uneasiness [1]
interés selfishness [2]

J
jalea candied fruit [1]
jerigonza jargon [1]; hoax [1]
joya jewel [3]
Juan Latino a black poet and grammarian who lived in Granada during the sixteenth century [2]
jubón jacket [1]
jugador del vocablo maker of puns

[3]
juicio judgment [1]
Júpiter Jupiter, the largest planet in the solar system [1]
jurar to swear [3]
justicia judge [3]
juzgar to judge [1]

L
labrar to polish [2]; to build [3]
lacayo lackey [1]
ladrillo brick [2]
lágrima tear [3]
latín Latin [2]
leal loyal [1]
lechuza owl [3]
lego layman [3]
lengua language [1]
letrado expert [3]
ley law [1]
liberal generous [1]
librea ceremonial uniform [1]
licencia permission [1]
licencioso licentious [1]
lición=lección lesson [1]
licor liquor [2]
lienzo handkerchief [2]
liga garter [3]
Lisboa Lisbon [3]
liso plain [1]
lisonja flattery [2]
lisonjero flatterer [2]
llano plain [1]
longaniza sausage [3]
lonja slice of ham [3]
lucero light
lucir to look good [1]
luego soon [3]; immediately [3]

luto mourning [1]

M
macho stallion [1]
madurar to ripen [2]
majadero fool [1]
mal illness [2]
malcriado ill-bred [3]
malicia malice [1]
maná candied almonds [1]
mancebo young man [2]
manco one-handed [3]
mandar to command [3]
manso gentle [1]
manteca lard [1]
mantel tablecloth [3]
máquina machine [1]
maravilla wonder [2]
Marco Tulio Marcus Tullius,
    Cicero's son [1]
marfil ivory [2]
marido husband [1]
mármol marble [3]
marquesote diminutive of marqués
    marquis [1]
marta sable [1]
martirizar to torture [1]
mas but [1]
matador killer [3]
matamoros literally "Moor-slayer,"
    but used as "braggart" [3]
mayorazgo male heir [3]
medianamente moderately [3]
medrar to grow [3]
medroso fearful [3]
menester necessary [1]
menguante waning (moon) [2]
mentecato fool [2]

mentir to lie [2]
mentira lie [1]
menudencia ingredient [1]
menudo tripe soup [1]
merced favor [2]
merecer to deserve [1]
merecimiento deserving [3]
merienda picnic [1]
meterse to go into [3]
miel honey [3]
milagro miracle [2]
milagroso miraculous [1]
monacillo altar boy [1]
morcilla blood sausage [1]
Morisco descendent of the Moors [1]
moro Moor [3]
mosca fly [3]
mostrásedes=mostraseis you show
    (archaic past subjunctive form of
    mostrar) [3]
moza beautiful [1]
mozo young man [3]
mozuelo young man (diminutive of
    mozo) [3]
mudable fickle [2]
mudanza change [1]
mudar to change [2]
mudo mute [3]
Muley descendent of Moors who
    claims to come from a Christian
    family. [3]
muquir to eat [3]
murmurar to gossip [2]
músico musician [3]

N
nacimiento birth [1]
naipecito small card (diminutive of

naipe) [1]
naranja orange (the fruit) [1]
nave ship [2]
navegar to sail [1]
necio fool, foolish [1]
ninfa nymph [3]
nombrare future subjunctive form
    of nombrar to name [1]
noria treadmill [1]
notario notary [2]
notorio well-known [1]

O
obra work [1]
ocioso lazy [2]
oficio tradesperson [1]; profession
    [2]
oloroso perfumed [2]
ondas depths [1]
onza wildcat [1]
oriental eastern [1]
osadía boldness [1]

P
paje page (as in servant) [2]
palacio palace [3]
palma palm tree [1]
palmatoria instrument used to hit
    hands [1]
palmeta hit on the hand [1]
palomino small pigeon [1]
pandorga fat woman [3]
parabién congratulations [1]
pardiez=por Dios by God [1]
pardo brown [1]
parecer to look like [1]
parejo similar [3]
pariente relative [1]

parir to give birth [1]
partes good qualities [1]
partirse to leave [3]
paso quiet (as in "be quiet") [3]
pastelero pastry maker [2]
patente obvious [1]
paz peace [3]
peligro danger [3]
pendencia quarrel [2]
pensión price [1]
peón pawn (the chess piece) [1]
pepitoria stew [1]
perdiz partridge [3]
pergamino parchment [1]
perseguir to pursue [2]
pesadumbre grief or displeasure [1]
pesar to displease or cause grief [1]
peso scale [3]
pez fish [3]
pía piebald horse [1]
picar to burn [1]
picarse to get angry about losing a
    game of cards; to fall in love [2]
piedad pity [1]
pieza chess piece [1]; — de rey
    buffoon [1]
pimienta pepper [1]
pique winning hand of cards [2]
piramidal pyramid shaped [1]
pirámide pyramid [1]
placer to please [1]
plata silver [2]
Platón Plato [1]
plega subjunctive form of placer, as
    in — a Dios would to God [3]
pleito legal dispute [3]
pluguiera had pleased (past
    subjunctive form of placer) [3]

poderoso powerful [3]
político courteous [2]
ponzoña poison [3]
popa stern of a ship [3]
porfía stubbornness [1]
pórfido jasper [2]
posadas inns [1]
posta horse [1]
postrero last [1]
Prado a popular place to go walking in Madrid [2]
prado meadow [2]
preciado valued [1]
pregonar to hawk [1]
premio prize [3]
prenda darling [2]; pledge [2]; good quality [3]
presto swiftly [1]
pretender to petition [1]; to court [2]
pretendiente suitor [1]
pretina belt [1]
prevenir to expect [1]
primavera springtime [3]
principio beginning [1]
procurar to try [1]
pronóstico prediction [2]
propósito purpose [2]
prosa prose [1]
provechoso advantageous or profitable [1]; wholesome [1]
provocar to provoke [3]
pudiérades=pudierais you could (archaic past subjunctive form of **poder** to be able) [3]
pudrir to bother [1]
pulido good-looking [1]
puño cuff [3]
purgatorio purgatory [3]

Q
quebrar to break [1]
quejarse to complain [1]
queso cheese [1]
quieto still [1]
quinto fifth [1]

R
racional rational [3]
raja slice (of cheese) [1]
ramillete bouquet [2]
rasgar to tear up [2]
raso satin [3]
rayo ray [1]
razón word [2]
razones conversation [2]
real a Spanish coin of little value [3]
recatado prudent [1]
recelo suspicion [2]
recogido quiet [1]
Recoletos a convent on the outskirts of Madrid [2]
reconocer to recognize [3]
recrear to recreate (as in to make anew) [1]
regalar to shower with complements [2]
regalo pleasantry [3]
regocijo rejoicing [2]
reina queen [1]
reja window grating [3]
remedio remedy [2]
remendado calico [1]
remiendo patch [3]
rendido won over [3]
rendir to yield (profits) [2]; to win over [3]
renglón line of text [2]

reñir to argue [2]; to reprimand [2]
renta income [1]; lease contract [2];
    —**s grandes** monied aristocrats
    [1]
renunciar to reject [1]
reparar to notice [2]
reportarse to control oneself [1]
repuesto provision [1]
repulido shiny [1]
requebrar to flirt [1]
resplandor luster [3]
resueltamente resolutely [3]
retórica figura literary trope [1]
ribera river bank [2]
rigor harshness [2]
roble oak tree [1]
rocín nag [2]
rogar to beg [2]
romadizo congestion [1]
romance ballad consisting of
    octosyllabic lines and *rima
    asonante* (only the vowels rhyme)
    [2]
romo square-toed [3]
ropilla a short jacket with double
    sleeves that went over another
    jacket [1]
roque rook (the chess piece) [1]
rostro face [2]
rudo stupid [2]
ruin dispicable [3]
runfla hand of cards [2]
rústico course [2]
rustiqueza rusticity, coarseness [2]

S
sabañones chilblain [1]
sabio wise [1]

saeta hand (of a clock) [1]
sagrado safe haven [3]
sala courtroom [3]
salero salt shaker [3]
salir to enter (in stage directions) [1]
saltear to rob [3]
saltico small jump ([2]
salud health [2]
salva tray [1]
sancto=santo holy [3]
sangrar to let blood [2]
sano healthy [2]
sartén frying pan [3]
sastre tailor [2]
seda silk [3]
sembrado sown (as in seeds) [2]
sembrar to sow (seeds) [2]
semejante similar [1]
senado assembly [1]; audience [3]
señalar to point [1]
sentido intelligence [1]
sentir to regret [2]
seráfico seraphic [1]
serafín seraphim [1]
sereno night watch [2]
serpiente snake [3]
servicio military merit; chamber pot
    [1]
seso brain [3]
sevillano someone from Seville [1]
sextil an astrological aspect in which
    two planets are 60 degrees apart
    [1]
sirena mermaid [3]
sobrar to be more than enough [1]
sobrina niece [1]
socarrón crafty [3]
soga rope [3]

soler to be accustomed to [1]
solicitar to solicit [1]
soneto sonnet [1]
sosiego calm [1]
sospecha suspicion [1]
sospechar to suspect [1]
sotanilla cassack [3]
suceso event [1]
suele see soler [1]
suelta lets go (imperative form of
    soltar to loose) [2]
suplir to make up for [1]
sustentar to support [1]
sustento sustenance [1]
sutil flammable [2]; cunning [3]

T
tabaque basket [3]
taimado sly [1]
tal vez=a veces sometimes [2]
talega sack [1]
talle appearance [2]
tamboril small drum [2]
tapar to cover [2]
tejado roof [1]
tela fabric [3]
temblar to tremble [1]
temerario rash [2]
templar to soften [3]
templar to temper [2]
templarse to calm down [1]
tercero go-between [1]
término term [1]; conduct [3]
terrado balcony [1]
terrero terrace used for courtship [1]
tesoro treasure [1]
testigo witness [2]
testimonio testimony; levantar —

bear false witness [2]
tiernamente tenderly [2]
tigre tiger [3]
tinieblas darkness [3]
tiple soprano [1]
título title [1]
tocador cap [1]
tocino fiambre cold smoked pork
    [1]
toledano someone from Toledo [1]
tonto fool [3]
topar to find [2]
tosco course [1]
traición betrayal [2]
traidor treachorous [3]
trancelín ribbon [3]
tras after [2]
traza body [1]; plan [2]
trazar to plan [1]
trino an astrological aspect in which
    two planets are 120 degrees apart
    [1]
tripas tripe [1]
tripulado discarded [2]
trocar exchange [1]
trujérades=trajerais you would have
    brought (archaic past subjunctive
    form of traer to bring) [1]
trujo=trajo brought (archaic preterit
    form of traer to bring) [1]
turbado upset [3]
turquesco Turkish; a lo — Turkish
    style [3]
tusón fleece [3]

U
urraca magpie [2]

V
valer be valid [3]
vano vain [1]
varear to knock down with a stick [3]
varón male [3]
vaso vessel [2]
Veinticuatro alderman [2]
velo veil [2]
vencido defeated; **darse por** — to give up [3]
vendaval strong wind [2]
veneno poison [3]
venganza revenge [3]
vengar to avenge [3]
verso verse (of poetry) [1]
vestir to dress [1]
vidro=vidrio glass [2]
vientre womb [3]
vil worthless [1]
villano peasant [1]
viña vinyard [2]

virtud virtue [1]; strength [2]
virtuoso virtuous [1]
visivo capable of seeing [1]
viuda widow [1]
vivificar to vivify [1]
vocablo word [2]
voluntad will [1]
vos you [1]
voto vow [3]
vulgazo common folk [1]
vulgo common folk [1]

Y
yerno son-in-law [1]
yerra errs (present tense from of **errar**) [3]
yerro error [3]
yeso plaster [2]

Z
zapatero shoemaker [2]
zoquete stick [1]

CPSIA information can be obtained at www.ICGtesting.com
Printed in the USA
LVOW080449081212

310268LV00001B/53/P